Otto Bähr

Das frühere Kurhessen

Ein Geschichtsbild

Otto Bähr

Das frühere Kurhessen
Ein Geschichtsbild

ISBN/EAN: 9783743302396

Hergestellt in Europa, USA, Kanada, Australien, Japan

Cover: Foto ©ninafisch / pixelio.de

Manufactured and distributed by brebook publishing software
(www.brebook.com)

Otto Bähr

Das frühere Kurhessen

Das
frühere Kurhessen.

Ein Geschichtsbild

von

Dr. Otto Bähr.

Kassel.

Verlag von Max Brunnemann.

1895.

Druck von Franz. Scheel, Cassel.

Kurheſſen iſt, ſo lange es ſelbſtändig war, viel genannt worden. In der That hat es in ſeinen Geſchicken manches Eigenthümliche gehabt: Daran aber haben ſich vielfach ganz falſche Auffaſſungen geknüpft. Eine Mythen= bildung hat ſich in doppelter Richtung der Sache be= mächtigt. Man glaubt, namentlich außerhalb Kurheſſens, daß in dieſem Lande ganz unerträgliche Zuſtände geherrſcht haben und daß es ein Schickſal geweſen ſei, dort zu leben. Dieſe Anſchauung iſt nicht richtig. Kurheſſen war ein Land, das im großen Ganzen gute Einrichtungen hatte, unter denen ſich recht wohl leben ließ; und ſelbſt die Eigenthümlichkeiten des letzten Kurfürſten trugen manches in ſich, was dem Lande, in Vergleich mit andern Ländern, zu ſtatten kam. Andererſeits iſt neuerdings eine Mythen= bildung in der Richtung verſucht worden, daß Kurfürſt Friedrich Wilhelm im Grunde genommen ein vortrefflicher Regent geweſen ſei und daß es dem Lande unter ihm ſehr wohl gegangen habe. Danach hätte alſo alles, was ſeiner= zeit über die Regierung dieſes Fürſten Ungünſtiges be= richtet worden, nur auf Einbildung oder Böswilligkeit beruht. Dieſen verſchiedenen Darſtellungen gegenüber dürfte es, namentlich im Intereſſe des jüngeren Geſchlechtes, dem das alte Kurhessen nicht mehr aus eigener Anschauung bekannt ist, sich lohnen, ein Bild davon zu entwerfen, wie in Wahrheit Kurhessen gewesen ist und wie dieses Land seine Selbständigkeit verloren hat. Das ist der Zweck der nachfolgenden Aufzeichnungen. *)

---

*) Es möge hier noch besonders bemerkt werden, daß diese Schrift schon um das Jahr 1887 geschrieben und zum Abschluß gekommen ist. Bei diesem Abschluß ist es auch geblieben. Nur ganz vereinzelt sind auf spätere Vorgänge bezügliche Bemerkungen noch hinzugefügt worden.

Geschichtliche Entwickelung.

Das ehemalige Kurhessen gehört, wie Geschichts=
forschungen ergeben, in seinen Stammlanden zu den wenigen
Gauen Deutschlands, in denen noch derselbe Volksstamm
wohnt, der bereits zu Anfang unserer Zeitrechnung dort
heimisch war. Es ist das der alte Stamm der Chatten,
der später der größeren Volksgemeinschaft der Franken
(Oberfranken) sich anschloß. Jene Stammlande beschränken
sich auf die frühere Provinz Niederhessen mit Ziegenhain,
Hersfeld und dem südlichen Theile des Fürstenthums
Waldeck. Diese Landstriche bildeten den alten Hessengau.
Noch heute ist die Abgrenzung dieses Gaues an der Sprache
zu erkennen. Die niederhessische Mundart, die in ihrer
Härte nicht gerade schön zu nennen ist, unterscheidet sich
wesentlich von der der benachbarten Landstriche, wenn auch
aus diesen an den Grenzen manches herübergedrungen ist.
In Marburg, dem alten Oberlahngau, besteht oder bestand
wenigstens eine ganz andere, der rheinischen Mundart sich
annähernde Sprache, die freilich durch den ständigen Zu=
sammenhang mit Kassel sich vielfach verwischt hat. Die
Bevölkerung Fuldas steht nach ihrem gänzlich abweichenden,
stark in's Singende fallenden Dialekt dem thüringischen
Stamme nahe. In der Grafschaft Hanau ist die rheinische
Mundart zu Hause, wie sie die ganze Umgegend Frank=
furts aufweist. Aber auch in dem alten Hessengau hatte

der nördlichste Theil eine fremde, dem niedersächsischen
Stamme angehörende Bevölkerung. Sie umfaßt den
jetzigen Kreis Hofgeismar und den nördlichen Theil des
Kreises Wolfhagen und setzt sich dann im nördlichen Waldeck
fort. Noch heute ist diese alte Bevölkerung an der platt=
deutschen Sprache und an der sächsischen Bauart der
Häuser zu erkennen. Bereits in einer Urkunde von Karl
dem Großen (mitgetheilt bei Stacke, Deutsche Geschichte,
Bd. I, S. 196) wird das Dorf Vulvisanger erwähnt,
in welchem Franken und Sachsen zusammenwohnen. Und
auch noch heute ist das Dorf Wolfsanger, eine halbe
Stunde von Kassel gelegen, das letzte Dorf nach der
hannoverschen Grenze hin, jenseits deren platt gesprochen
wird. So hält die Sprache mit unglaublicher Zähigkeit
die alten Stammesgrenzen aufrecht.

Man kann nicht behaupten, daß der hessische Stamm
vorzugsweise begabt sei. In dem hessischen Wesen liegt
etwas Nüchternes, wenig Schwunghaftes, doch aber zugleich
etwas Kernhaftes und Verständiges, was vor manchen
Verirrungen bewahrt. Sehr lebendig ist im hessischen
Volke der Rechtssinn entwickelt, im guten und, wenn man
will, auch im schlimmen Sinne. Der hessische Bauer hat
einen Sinn für den „Kampf um's Recht", in dem er so
leicht nicht nachläßt. In der Grafschaft Hanau (die seit
1736 zu Hessen gehört) steht die Bevölkerung den Süd=
deutschen näher: Sie ist lebendiger und regsamer, aber
auch leichter erregt, als die althessische. Für die Stadt
Hanau kommt hinzu, daß dort durch die eingewanderten
Wallonen und Niederländer viel fremdes Blut in das
Volk gedrungen ist. Fulda, das seit 1816 zu Hessen ge=
hörte, ist niemals recht hessisch geworden. Der Gegensatz
zu der althessischen Bevölkerung, der keineswegs blos in

der Verſchiedenheit der Religon liegt, iſt unverkennbar. Die tauſendjährige geiſtliche Herrſchaft hat einen tief= greifenden Einfluß auf den ganzen Charakter der Be= völkerung geübt. Auch heute noch ſteht der Fuldaer in ſeinem ganzen Denken unter der Herrſchaft der Geiſtlichkeit. Auswärts gelegene Anhängſel von Kurheſſen waren noch die Grafſchaft Schmalkalden und die Grafſchaft Schaum= burg, beide ſchon ſeit Jahrhunderten mit Heſſen verbunden; erſtere ein armer Landſtrich, mitten im Thüringer Walde gelegen, aber reich an Kleingewerbe und durch ſeinen Waldreichthum von Bedeutung; letztere eine ſchöne Land= ſchaft im Weſerthale mit einer tüchtigen niederſächſiſchen Bevölkerung.

Berühmte Namen ſind verhältnißmäßig wenig aus Heſſen hervorgegangen. Aber von jeher hat das Land Männer beſeſſen, die unter unſcheinbaren Formen Gutes zu ſchaffen und zu wirken verſtanden. Namentlich kann man den altheſſiſchen Beamtenſtand als einen pflichtgetreuen und tüchtigen bezeichnen. Dagegen war die Entwickelung der Induſtrie mehr in Hanau zu Hauſe. Als heſſiſche Männer, deren Name in ganz Deutſchland bekannt iſt, müſſen wir vor allen die Brüder Jakob und Wilhelm Grimm nennen. Ihr Vater war Juſtizbeamter in der Grafſchaft Hanau, aber ſchon früh kamen ſie nach Kaſſel, fanden hier ihre Erziehung und ihre erſte Anſtellung, und ihr ganzes Leben hindurch haben ſie ſich recht eigentlich als Heſſen gefühlt. Die von ihnen geſammelten Märchen entſtammen den Erzählungen einer Bauersfrau aus einem nahe bei Kaſſel gelegenen Dorfe. Auch der Sohn von Wilhelm, Hermann Grimm, iſt in Kaſſel geboren. Aus der Grafſchaft Hanau ſtammt auch v. Savigny, deſſen Familie als Beſitzerin des Hofes Trages dem dort

begüterten Adel angehört, und der auch seine erste Professur
in Marburg fand. Auch der Rechtslehrer v. Bangerow
war der Sohn eines hessischen Offiziers und in Kurhessen
geboren und erzogen. Ein ächtes hessisches Landeskind
war der als Schriftsteller für die juristische Praxis hoch=
stehende Burkhard Wilhelm Pfeiffer. Nicht minder
ein ächter Hesse, wenn auch ganz anderer Art, war der
Literarhistoriker Vilmar, und er würde in dieser Eigen=
schaft noch weit höher dastehen, wenn er nicht durch
politisch=religiöse Anschauungen, die den letzten Theil seines
Lebens erfüllten, bei vielen freier und unbefangener
Denkenden Anstoß erregt hätte. Ein Hesse, und zwar aus
Althessen stammend, war auch der Dichter Dingelstedt;
er pflegte aber, da er in Rinteln seine Erziehung empfangen
hatte, sich zu den Schaumburgern zu rechnen. Dagegen
war sein Freund Friedrich Oetker, ein Müllersohn
aus der Grafschaft Schaumburg, auch seinem ganzen Wesen
nach ein ächter Niedersachse. Auch die Dichter Mosen=
thal und Julius Rodenberg sind in Hessen geboren.
Auf dem Gebiete der bildenden Künste sind die Namen
Rahl und Tischbein ziemlich verklungen. Die in dem
nahen Waldeck geborenen Künstler Rauch und Kaulbach
wird der hessische Stamm sich kaum zurechnen können, da
ihre Vaterstadt Arolsen schon auf niedersächsischem Sprach=
gebiete liegt. Ein Hesse aber war der Bildhauer Werner
Henschel, der Schöpfer des Bonifazius=Standbildes in
Fulda und der in Charlottenhof aufgestellten schönen
Brunnengruppe. Auch der Landschaftsmaler Andreas
Achenbach ist in Kassel geboren; seine Eltern aber zogen
bald darauf nach Düsseldorf.

Nicht immer ist Hessen das unbedeutende Land gewesen,
als welches es in dem gegenwärtigen Jahrhundert erschien.

Landgraf Philipp der Hochherzige (das ist die richtige Uebersetzung von Magnanimus), dieser Hauptförderer der Reformation, war einer der bedeutendsten deutschen Fürsten, nicht allein durch seine hervorragenden geistigen Eigenschaften, sondern auch durch seine politische Machtstellung inmitten von Deutschland. Mit seinem Tode und der darauf folgenden, durch verhängnißvolle Familienverhältnisse herbeigeführten Theilung der Herrschaft unter seine Söhne — woraus die noch heute regierende Darmstädter Linie hervorgegangen ist — begann das Unglück des Landes, schon durch die unsäglichen Streitigkeiten, welche diese Theilung zur Folge hatte. Gleichwohl hat Hessen=Kassel auch noch im Laufe der folgenden Jahrhunderte eine Reihe tüchtiger Regenten gehabt. Landgraf Wilhelm der Weise (1567—1592) konnte als einer der besten Fürsten Deutschlands gelten. Die Landgräfin Amalie Elisabeth, eine Prinzessin von Hanau, die während der schweren Zeit des dreißigjährigen Krieges die Regentschaft führte, war eine vortreffliche Fürstin. Auch die im Laufe des achtzehnten Jahrhunderts regierenden Landgrafen waren ernstlich bemüht, für das Beste des Landes zu sorgen. Sie erhoben ihre Residenz zu einem Sitz der Wissenschaften und Künste.

Die hessische Gesetzgebung dieser Periode ist, nach dem Stande ihrer Zeit bemessen, sehr werthvoll und enthält Fortschritte, wie sie damals wenige Länder aufzuweisen hatten. Sie bethätigte sich im Sinne ihrer Zeit vorzugsweise auf dem Gebiete der Justiz. Das „Auflassungsprinzip", das in Preußen erst durch Gesetze von 1872 eingeführt wurde, bestand in Kurhessen schon seit der Kontraktenordnung von 1732 und gewährte, in Verbindung mit der Einführung umfassender Grundkataster, für die Sicherheit des Grundverkehrs, des Immobiliarkredits und der Grundbesteuerung unschätzbare Vorzüge. Als im Jahre 1742 Hessen ein privilegium de appellando erhielt und das Oberappellationsgericht, das an die Stelle der Reichs= gerichte trat, geschaffen wurde, ward durch ein landesherr= liches Edikt vom 26. November 1743 die Unabhängigkeit der Rechtsprechung in den stärksten Ausdrücken gewähr= leistet. Durch eine Reihe von Verordnungen wurde das Prozeßverfahren, abweichend vom gemeinen deutschen Prozeß, so gut geregelt, daß Savigny in seiner berühmten Schrift über den Beruf unserer Zeit zur Gesetzgebung aus un= mittelbarer Kunde schon im Jahre 1814 schreiben konnte, daß in Hessen die Rechtspflege schon längst gut und schnell gewesen sei. So waren bereits im vorigen Jahrhundert die Grundlagen gelegt, auf denen Kurhessen während dieses Jahrhunderts in befriedigender Weise fortschreiten konnte.

Ein schwerer Vorwurf pflegt freilich gegen die Regenten Hessens in jener Zeit erhoben zu werden, wegen Entsendung eines großen, von England bezahlten Truppenkorps nach Amerika zur Unterdrückung des dort ausgebrochenen Auf= standes. Der Vorgang wird heute meistens als ein spezifisch hessischer Akt schlimmster Fürstenwillkür dargestellt. Von anderer Seite hat man neuerdings die Sache zu beschönigen gesucht, indem man so thut, als ob diese Truppensendung etwas ganz Unschuldiges, ja sogar im Sinne der damaligen Zeit Patriotisches gewesen sei. Die Wahrheit liegt in der Mitte.

Daß deutsche Truppen für fremde Mächte Schlachten geschlagen haben, ist leider uralt in der Geschichte. Schon unter den römischen Kaisern vermietheten sich ganze ger= manische Stämme als Kriegsvölker. Die Schlacht auf den catalaunischen Feldern ward vornehmlich von Deutschen gegen Deutsche geschlagen. Im Mittelalter führten die

Condottieri ihre Heere von deutſchen Landsknechten bald
dieſer, bald jener Macht zu. Nach dem dreißigjährigen
Kriege bemächtigten ſich die deutſchen Landesherren dieſer
Sitte. Auf Grund der mit fremden Mächten geſchloſſenen
„Alliance= und Subſidienverträge" entſandten ſie ihre
Truppen bald auf dieſes, bald auf jenes Schlachtfeld.
So kämpften die Truppen der kleineren deutſchen Länder
faſt in allen Schlachten der größeren Mächte mit. Nament=
lich war es England, das ſchon damals ſeine Schlachten
lieber von fremden Truppen, als von den eigenen Landes=
kindern ſchlagen ließ, und das auch Geld genug beſaß, um
ſolche Truppen zu bezahlen. So lange nun dieſe Schlachten
noch in Europa geſchlagen wurden, ließ ſich wenigſtens
mit einigem Scheine behaupten, daß die kleinen Fürſten
im Intereſſe der Politik ihres Landes, ſo wie ſie dieſe
verſtanden, gehandelt haben; wenngleich auch dabei ſchon
es nicht zweifelhaft ſein konnte, daß es ihnen vor allem
um ſchnöden Geldgewinn zu thun war. Anders aber
nahm ſich die Sache aus, als im vorigen Jahrhundert
deutſche Truppen für auswärtige Mächte zum Schutz von
deren Kolonieen in fremde Welttheile geſchickt wurden, wie
dies im Jahre 1776 von Seiten einer Anzahl deutſcher
Landesherrn durch Entſendung ihrer Truppen in engliſchem
Solde nach Amerika und auch noch ſpäter von Seiten
des Württemberger Herzogs durch Verhandlung ſeiner
Truppen an Holland zur Kriegführung am Kap geſchah.
Hier trat es mit faſt cyniſcher Offenheit zu Tage,
daß es ſich nicht mehr um Politik, ſondern um einen
gemeinen Geldſchacher handelte. Das Zeitalter der Auf=
klärung war ſchon zu weit vorgeſchritten, als daß man
ſolche Dinge völlig gedankenlos hingenommen hätte. Daß
das Nichtswürdige der Sache damals ſchon von dem

denkenden Theile der Nation tief gefühlt wurde, das be=
weist die erschütternde Szene, die Schiller in sein nur
wenige Jahre nach dem Abzug der Truppen geschriebenes
Trauerspiel „Kabale und Liebe" einflocht; das beweist
auch das ergreifende Lied „Auf, auf, ihr Brüder, und seid
stark", das der schwäbische Dichter Schubart seinen nach
dem Kap abziehenden Landsleuten in den Mund legte.
Wahr aber ist es, daß in der großen Masse des Volkes
die Sache nicht so empfunden wurde, wie wir sie heute
ansehen. Man war eben eine solche Menschenbehandlung
zu sehr gewohnt. Auch waren es nicht der Landgraf von
Hessen und sein (in Hanau regierender) Sohn allein, die
ihre Truppen nach Amerika verhandelten. Die Herrscher
von Braunschweig, Waldeck, Anspach, Anhalt ꝛc. gaben
ebenfalls Truppen dazu her. Eifrigst boten auch der
Kurfürst von Bayern und der Herzog von Württem=
berg ihre Truppen an. Sie wurden aber von den Eng=
ländern nicht angenommen, weil sie nicht gut genug
befunden wurden; wogegen die hessischen Truppen als die
besten ihrer Zeit galten und sich überall ruhmwürdig
geschlagen haben. Redet man einmal von den Unsitten
jener Zeit, dann sollte man nicht vergessen, daß nicht
minder häßlich, wie diese Soldatenhändel, das ganze
Werbesystem war, mittels dessen damals die Heere zu=
sammengebracht wurden. Die gefürchtetsten Werber in
Deutschland waren die preußischen, und die noch im Jahre
1805 neu gedruckte Instruktion für diese Werber kann
man nicht ohne tiefen Abscheu lesen. Dieses ganze Wesen
war ein Ausfluß der unglaublichen Menschenverachtung,
welche die Fürstenpolitik des vorigen Jahrhunderts charakteri=
sirt. Erst die französische Revolution und die napoleonischen
Kriege haben hierin Wandlung geschaffen.

Die hessische Truppensendung ist dann aber noch deshalb besonders lebendig in der Erinnerung geblieben, weil die hessischen Fürsten das gewonnene Geld nicht verschleuderten und verpraßten, sondern zu einem Schatze ansammelten, der zum Theil heute noch besteht, der bis auf die neueste Zeit vielfach Anreiz zur Begehrlichkeit gegeben hat und um den deshalb zahlreiche Intriguen und Kämpfe sich abgespielt haben. Dabei ist denn auch öfters von einem „Blutgelde" gesprochen worden und dadurch die traurige Entstehung dieses Schatzes in starker Erinnerung erhalten. So pflegt man heute nur noch von dem „Verkauf hessischer Landeskinder" als einem Schandfleck der Geschichte zu reden. In Wahrheit aber trifft diese Schmach nicht Hessen allein, sondern die ganze Zeit, wo dergleichen geschehen konnte, und man sollte deshalb aufhören, diese Angelegenheit als eine besondere hessische zu behandeln.

Das einst tüchtige hessische Fürstengeschlecht hat seit Mitte des vorigen Jahrhunderts keine ruhmwürdigen Sprossen mehr getrieben. Landgraf Wilhelm IX., der im Jahre 1785 zur Regierung gelangte, und der dann im Jahre 1803 die Kurfürstenwürde erhielt und sich Wilhelm I. nannte, konnte zwar in der ersten Periode seiner Regierung noch als ein Fürst gelten, der mit Einsicht das Beste seines Landes zu fördern suchte. Als er aber nach der siebenjährigen Verbannung, welche die westphälische Herrschaft ihm auferlegt hatte, in das Land zurückkehrte, war die Zeit über ihn hinausgewachsen. Auch war sein Herz verhärtet, und sein unsäglicher Geiz legte dem Lande schwere Prüfungen auf. An dieser seiner Neigung scheiterten auch die Verhandlungen über eine dem Lande zu gebende Verfassung. Die im Jahre 1815 berufenen Stände verlangten mindestens einen Theil des aus den

Subsidiengeldern gesammelten Schatzes als Staatsgut anerkannt zu sehen. Dazu konnte aber der alte Landes= fürst in seiner Engherzigkeit und Habsucht sich nicht ent= schließen.

Kurfürst Wilhelm II., der im Jahre 1821 ihm nach= folgte, war seiner Naturanlage nach gutmüthig, und es ist nicht zu zweifeln, daß er das Wohl des Landes fördern wollte. Den Anfang seiner Regierung bezeichnet das sog. Organisationsedikt, eine umfassende Umgestaltung der Landesbehörden, wobei allen Anforderungen der Neuzeit Rechnung getragen war. Insbesondere enthielt es eine durchgeführte Trennung der Justiz von der Verwaltung, wodurch Kurhessen wiederum vielen andern Ländern vor= ausschritt. Indessen erlahmte bald die Kraft zu der= gleichen Schöpfungen. Ist auch die Schilderung, welche jüngst Treitschke, aus unlauteren Quellen schöpfend, über die Persönlichkeit dieses Fürsten gegeben hat, entschieden übertrieben, so ist doch nicht zu leugnen, daß er geistig ungebildet, aufbrausend und herrschsüchtig war. Sein Interesse an dem Lande ging unter in der Mißwirthschaft seines Familienlebens. Und vollends durchkreuzten Drohbriefe, die anonym an ihn gerichtet wurden, seine sonst vielleicht guten Absichten. Ganz Deutschland unterlag überdies dem Druck der Karlsbader Beschlüsse. So war denn die zehn= jährige Regierung dieses Fürsten, wenn sie auch einzelne gute Gesetze brachte, im Ganzen wenig glücklich zu nennen.

Durch die nach der Julirevolution über Deutschland sich ausbreitende Bewegung ward Kurfürst Wilhelm II. genöthigt, dem Lande eine Verfassung zu geben. Es ist das die vielbesprochene Verfassung vom 5. Januar 1831. Sie entsprach im Ganzen dem Liberalismus der damaligen Zeit. Wenn sie Bestimmungen enthielt, von denen man

ſpäter ſagte, „daß ſich mit ihnen nicht regieren ließe“ (z. B.
die Beeidigung des Militärs auf die Verfaſſung; das Verbot
an die Steuererheber, eine nicht verwilligte Steuer zu erheben),
ſo ſteht dieſem Tadel doch die Thatſache gegenüber, daß
lange Jahre mit dieſer Verfaſſung wirklich, regiert, und
zwar theilweiſe recht ſtark regiert worden iſt. Jene Be=
ſtimmungen ſind nur ein einzigmal praktiſch geworden,
als es ſich nämlich um den Umſturz der Verfaſſung
handelte. Ueberhaupt aber iſt es eine Täuſchung, wenn
man glaubt, daß irgend welche mehr oder minder frei=
ſinnige Beſtimmungen in den Verfaſſungen der kleineren
deutſchen Länder eine weittragende Bedeutung hätten ge=
winnen können. Dieſe Länder führten ja kein ſelbſtändiges
politiſches Leben; ſie hingen auch in ihrer inneren Politik
ganz und gar von den Strömungen ab, die aus den
Großſtaaten in ſie herüber reichten. Bei jenen Verfaſſungen
handelte es ſich in der That nicht um große Fragen,
ſondern nur um Gewinnung eines Schutzes wider die oft
kleinlichen despotiſchen Neigungen mancher der damaligen
Fürſten. In dieſer Beziehung hat aber die kurheſſiſche
Verfaſſung, ſo lange ſie beſtand, leiblich ihre Schuldigkeit
gethan.

Gleichzeitig mit Erlaß der Verfaſſung wurden zwiſchen
Fürſt und Land feſte Vereinbarungen über das vorhandene
reiche Vermögen getroffen. Der vielumſtrittene Schatz
wurde zu gleichen Hälften in einen Hausſchatz und Staats=
ſchatz getheilt, mit der Beſtimmung, daß die Einkünfte des
erſteren dem Regenten, die des letzteren dem Lande zu=
kommen ſollten. Aus dem vorhandenen öffentlichen Grund=
vermögen wurde eine Anzahl von Grundſtücken — Schlöſſer,
Parkanlagen, Kunſtſammlungen ꝛc. — ausgeſchieden, welche
als „kurfürſtliches Hausfideikommiß“ der ausſchließlichen

Verfügung und Nutznießung, aber auch der Unterhaltung des Landesherrn unterliegen ſollten. Alles übrige Grund= vermögen — Domänen, Waldungen ꝛc. — wurde als Staatsvermögen anerkannt. Aus dieſem aber ſollte der Kurfürſt noch als „Hofdotation" eine jährliche Rente von 300 000 Thalern beziehen.

Kurz nach Ertheilung der Verfaſſung verließ der Kur= fürſt, in ſeinem unächten Familienleben geſtört, ſeine Reſidenz Kaſſel, um ſie nie wieder zu betreten. Er lebte fortan in Frankfurt a. M. Seinen Sohn Friedrich Wilhelm ernannte er zum Mitregenten und übertrug ihm bis auf Weiteres die alleinige Regierung.

Friedrich Wilhelm, der letzte Regent Kurheſſens, das er 35 Jahre lang beherrſchte, war keine glücklich organiſirte Natur. Wohl nicht mit günſtigen Anlagen geboren, aber auch aufgewachſen inmitten der zerrütteten Familienverhältniſſe ſeines Hauſes, ſchon als Jüngling mit einem Vergiftungsverſuche heimgeſucht, der, ſtatt ihn ſelbſt, ſeinen Kammerdiener wegraffte und deſſen Thäter nie ermittelt worden iſt, dann durch die Verhältniſſe hinausgetrieben in die Fremde, wo er jahrelang bald hier bald dort weilte, und wo ein unglücklicher Zufall ihn in die Arme einer tief unter ihm ſtehenden Frau führte, bei der er die überall ſonſt vermißte Liebe fand oder doch zu finden glaubte, die aber zu einer ſchweren Feſſel ſeines ganzen Lebens wurde, übernahm er, ſchon ſchwer ge= prüft und verbittert, im dreißigſten Lebensjahre die Regierung. Es fehlte ihm vor allem das, was man doch von einem Fürſten, in deſſen Hand das Geſchick von Hunderttauſenden gelegt iſt, noch mehr als von jedem Anderen erwartet, das menſchliche Wohlwollen. Und ebenſo war das Bewußtſein fürſtlicher Pflichten nur in

ſehr einſeitiger Weiſe bei ihm ausgebildet. Die Schaffung
der Verfaſſung und die Theilung des Schatzes mit dem
Lande ſah er von vornherein als eine ſchwere Verletzung
ſeiner angeerbten fürſtlichen Rechte an. Dieſe Auffaſſung
beherrſchte ſeine ganze Regierung.

Gleichwohl hat dieſe ſehr verſchiedene Perioden auf=
zuweiſen. Die erſten Jahre derſelben, in welchen ver=
ſtändige Männer noch mit einigem Erfolge an dem Ausbau
der Verfaſſung arbeiten konnten, waren reich an Fort=
ſchritten. Auch als ſchon im Jahre 1832 gegen die liberale
Bewegung des Jahres 1830 die Reaktion eintrat und mit
ihr Haſſenpflug zum erſten Male Miniſter in Kurheſſen
wurde, brachten die erſten Jahre dieſes Miniſters noch
eine ganze Reihe werthvoller Geſetze. Die Verhältniſſe
des Staatsdienſtes wurden umfaſſend geordnet. Die Ab=
lösbarkeit der Grundlaſten wurde eingeführt. Zur Er=
leichterung derſelben wurde eine Landeskreditkaſſe geſchaffen,
welche für das Land zur größten Wohlthat geworden iſt.
Die Pflicht zum Militärdienſte wurde geregelt. (Es wurde
allgemeine Dienſtpflicht eingeführt, jedoch mit Zulaſſung
von Stellvertretung, von der die Vermögenden faſt durch=
weg Gebrauch machten.) Das Steuerſyſtem wurde durch
Einführung einer Klaſſenſteuer (Einkommenſteuer) ver=
vollſtändigt. Der Zivilprozeß wurde durch mehrere Geſetze
neu geordnet und damit ein ſehr gutes Rechtsverfahren
gewonnen. Endlich wurde eine vortreffliche (noch heute
geltende) Gemeindeordnung geſchaffen.

Freilich begann aber auch mit dem Eintritt Haſſen=
pflug's der Kampf gegen die Verfaſſung, deren Wirk=
ſamkeit dieſer Miniſter in jeder Beziehung einzuſchränken
ſuchte. Wohl mochte in dem damaligen Liberalismus
manches Unreife und Unvollſtändige liegen, das zu be=

kämpfen, man sich wohl aufgefordert fühlen konnte. Aber
noch weit häßlicher war die Kunst der Rabuliſtik und
Sophiſtik, mit der Haſſenpflug dieſen Kampf führte und
die mit ſeinem ſtaatsmänniſchen Talent eng verflochten
war. Unter dieſen ſich heranbildenden Kämpfen hörte
bereits mit dem Jahre 1835 jene an guten Geſetzen
fruchtbare Periode auf und es trat eine wahrhaft er-
ſchreckende Unfruchtbarkeit an die Stelle. Haſſenpflug
ſelbſt ſchied im Jahre 1837 aus dem Miniſterium und
zugleich aus dem Lande, um auswärts eine Stellung zu
ſuchen. Zerwürfniſſe mit dem Regenten, der ſeiner ſchon
längſt wegen der von ihm bethätigten Selbſtändigkeit
überdrüſſig geworden war, gaben dazu Veranlaſſung.
Seine geiſtloſen Nachfolger vermochten vollends nichts mehr
zu ſchaffen. Ihre Regierungskunſt beſchränkte ſich auf ein
ſtändiges Ankämpfen gegen die Verfaſſung. Da man die
Feſtung nicht ſtürmen konnte, ſuchte man ſie auszuhungern.
Zur größten Schärfe bildete ſich dieſes Syſtem aus unter
dem Miniſter Scheffer, der zugleich durch ſeine brutalen
Formen den allgemeinen Haß auf ſich zog.

Im November 1847 ſtarb Kurfürſt Wilhelm II.
Der bisherige Mitregent wurde nun Kurfürſt. Es gingen
Gerüchte um, daß dieſe Gelegenheit benutzt werden ſollte,
um ſich der Verfaſſung zu entledigen. Wirklich ereignete
ſich ein dahin zu deutender Vorgang, der aber an der
Feſtigkeit einiger Männer ſcheiterte. Nun aber wurde
offen erklärt, daß die Verfaſſung „revidirt" werden ſolle,
und es wurde zu dieſem Zweck eine Kommiſſion „zu-
verläſſiger" Männer eingeſetzt. Ehe dieſe jedoch mit
ihrem Werke hervorgetreten waren, brach die Sturmfluth
des Jahres 1848 herein.

Nur der Beſonnenheit der niederheſſiſchen Bevölkerung,

insbesondere der Kasseler Bürger, war es zu danken, daß kein Versuch gemacht wurde, den wankenden Thron zu stürzen. Der Kurfürst entließ seine dem Volke tief ver=haßten Minister und umgab sich mit Männern des Volks=vertrauens. Und nun begann abermals eine fruchtbare Periode der Gesetzgebung. Geht man die damals erlassenen Gesetze durch, so wird man finden, daß sie zwar freisinnig, aber doch maßvoll gehalten sind. Mag auch von dem, was damals im Drange der Zeit geschaffen wurde, Einzelnes als übereilt bezeichnet werden können, so sind doch völlig übertriebene Dinge, wie sie in andern Ländern auftauchten, in Kurhessen nicht vorgekommen. Die Märzminister ver=traten den Standpunkt des Altliberalismus; und hinter ihnen stand die Mehrzahl des Volkes. Allerdings bildete sich auch bald eine „demokratische Partei"; allein sie hatte sowohl in der Landesvertretung, wie in der Bürgerschaft Kassels die entschiedene Minderheit. In der allgemeinen deutschen Politik suchte das Märzministerium zunächst für das Zustandekommen der Frankfurter Reichsverfassung zu wirken. Als diese aussichtslos geworden war, trat es fest und entschlossen der preußischen Union bei.

Der Kurfürst suchte, so gut er es vermochte, zu diesem in seinem Sinne bösen Spiele gute Miene zu machen. Mit der in Oesterreich und Preußen erstarkenden Reaktion wuchs aber auch ihm wieder der Muth. Einige im Jahre 1849 gemachte Versuche, sich der Märzminister zu entledigen, scheiterten an der Unmöglichkeit, andere Minister zu finden. Da erschien am 23. Februar 1850 der seit 12 Jahren abwesende Hassenpflug wieder in Kassel und trat an die Spitze eines, sonst aus untergeordneten Männern gebildeten Ministeriums. Sein Ziel war ein doppeltes: die preußische Union zu sprengen, und in Hessen „das monarchische

Prinzip" wieder herzustellen. Zu dem Ende wartete er vor allem erst die große politische Strömung ab. Diese erwies sich bald ihm günstig. Oesterreich, nachdem es mit russischer Hülfe die Ungarn bei Villagos besiegt, wollte auch die frühere Herrschaft in Deutschland wieder gewinnen. Da wurde nun ein Pakt geschlossen, seltsamster Art. Der Kurfürst gab sein Land und seine geliebten Unterthanen einer österreichischen Invasion preis, durch welche ein Keil in den preußischen Länderbestand getrieben werden sollte. Oesterreich dagegen übernahm, in Hessen die Verfassung umzustürzen und jede freisinnige Regung zu unterbrücken. Zu dem Ende wurden zunächst von Hassenpflug die hessischen Stände zu einem Beschlusse ver-lockt, den man als „Steuerverweigerung" ausschreien konnte.*) In dieser fand die gleichzeitig wieder aufgelebte Bundesversammlung zu Frankfurt a. M. — vorerst freilich nur ein Rumpfparlament — den willkommenen Anlaß zu einer großen politischen Aktion. Es wurde gegen Hessen die „Bundesexekution" verfügt. Oesterreich stellte dazu nur ein Regiment und schob im Uebrigen Bayern vor. Preußen, gegen welches diese ganze Aktion gerichtet war, schien zur Abwehr bereit. Als im Süden des Landes Bayern und Oesterreicher eingerückt waren, zogen andern Tages im Norden Preußen ein. Es kam jedoch nur zu der „Schlacht von Bronzell" und dann zu der Ver-einbarung von Olmütz. Neuerdings haben wir aus einer Rede des Fürsten Bismarck erfahren, daß Preußen damals ganz außer Stande gewesen sei, einen Krieg zu führen. Dann war es aber ein schwerer Vorwurf, daß Preußen

---

*) Siehe auch: „Gerland, 1810—1860, Zwei Menschenalter kurhessischer Geschichte".

durch sein Verhalten das kurhessische Volk veranlaßte, den Kopf in die Schlinge zu stecken, die sofort über ihm zugezogen wurde.

Der Kurfürst und sein Minister hatten den Pakt erfüllt. Nun war es an Oesterreich, auch seinerseits zu leisten. Es bewährte diesmal nicht die sonst bei ihm sprichwörtlich gewordene Undankbarkeit. Zunächst wurde mit Hülfe der „Strafbayern" an allen bei dem Verfassungskampfe irgendwie betheiligten Personen Rache genommen. Sodann wurde das Land von fremden Truppen ein halbes Jahr lang ausgefressen. Erst als es verarmt und ohnmächtig balag, zogen diese ab. Der Kriegszustand wurde noch vier Jahre lang aufrecht erhalten. Oesterreich hatte für Kurhessen den Feldmarschall-Lieutenant Grafen von Leiningen zum Bundeskommissar ernannt, welchem das von der Revolution bekehrte Preußen in der Person des früheren preußischen Justizministers, späteren Chefpräsidenten des Obertribunals Uhden einen zweiten Komissar zugesellte. Dieser erwies sich nun als der beste Gehülfe Hassenpflug's. Mit Zustimmung der beiden Herrn als Kommissare der „dazu" bevollmächtigten Regierungen wurde zunächst der gesammte Staatsorganismus durch eine Anzahl „provisorischer Gesetze" umgestaltet. Bei der Ausführung dieser neuen Organisation wurden zahlreiche frühere Beamte ausgeschieden und die Anhänger Hassenpflug's in die einflußreicheren Stellen gesetzt. Dann wurde eine neue „Verfassung" veröffentlicht, die man am besten kennzeichnet, wenn man sie eine Karrikatur der früheren nennt.

So wie die provisorischen Gesetze, sollte aber auch die neue Verfassung nicht sofort als eine definitive gelten. Jämmerlich, wie der Bund in allem war, hatte er auch

nicht den Muth, die neue Verfassung zu oktrohiren. Sie
sollte erst einer nach konservativer Schablone neugebildeten
Ständeversammlung vorgelegt werden. Diese, so erwartete
man, werde ihr zustimmen, und dann sollte diese Ver=
fassung als eine vom Lande selbst angenommene gelten.
Wider Erwarten wollten aber auch die neuen Stände —
die „wahren Stände des Landes", wie sie offiziell begrüßt
wurden — nicht zu allem Ja sagen. Da wandte sich
Hassenpflug mit einem abermaligen „Samiel hilf" an
den Bundestag. Aber dieser hatte noch immer keine Lust,
die neue Verfassung auf seine Schultern zu nehmen. Wie
wir jetzt aus der Schrift „Preußen im Bundestage"
(III. Bd., S. 496) ersehen, war es Oesterreich selbst, das
so lange wie möglich in Kurhessen „die Wunde offen zu
halten suchte", um sich seinen Einfluß auf die kurhessische
Regierung zu sichern. Aber auch Herr von Bismarck
fällte nach dem Eindruck, den er bei einem Besuche Hassen=
pflug's in Frankfurt gewonnen hatte, über dessen Treiben
ein sehr abfälliges Urtheil (das. II, S. 36). Der Bundes=
tag verfügte also eine abermalige Verhandlung mit den
Ständen. So zog sich dieser ganze traurige Prozeß in
jahrelang auseinanderliegenden Terminen hin. Während
dieser Zeit geschah im Uebrigen für das Land so gut
wie nichts. Einer chronischen Krankheit gleich verzehrte
der Verfassungsstreit alle Kräfte.

Inzwischen war auch Hassenpflug (1855) wieder von
der Bühne abgetreten und zwar auf folgende Veranlassung.
Neben der politischen Reaktion sollte auch eine kirchliche
in Kurhessen durchgeführt werden. An der Spitze dieser
stand der Freund und Ministerialreferent Hassenpflug's,
Vilmar. Die reformirte Kirche wurde für eine eigentlich
„lutherische" erklärt. In ihr sollte das „geistliche Amt"

eine ähnliche Stellung einnehmen, wie in der katholiſchen
das Prieſterthum. Um dies noch beſſer durchzuführen,
wollte Vilmar an die Spitze der Geiſtlichkeit treten,
gewiſſermaßen heſſiſcher Pabſt werden. Es war in der
That auch gelungen, bei der Superintendentenwahl für
ihn die große Mehrheit der Stimmen der Diözeſan=
Geiſtlichkeit zu erlangen. Haſſenpflug erklärte dem Kur=
fürſten, daß er nun Vilmar zum Superintendenten
beſtätigen müſſe. Dem Kurfürſten lag ſehr wenig an
dem Theologengezänk über geiſtliches Amt, Entſagung
des Teufels ꝛc. Aber ſchon, daß der Superintendent aus
einer Wahl hervorgehen ſollte, die er beſtätigen müſſe,
war ihm ein Dorn im Auge. Das Wort „müſſen“
ſtand überhaupt nicht in dem Wörterbuche des Kurfürſten.
Wieweit zugleich die neben ſeiner eignen Herrſchaft an=
geſtrebte geiſtliche Herrſchaft Vilmar's ihm zuwider war,
inwieweit vielleicht auch noch andere (unten zu berührende)
Momente mitſpielten, iſt ſchwer zu ſagen. Es war nichts
Ungewöhnliches, daß der Kurfürſt materielle Abneigungen
hinter einem Formſtreit verſteckte. Jedenfalls wurde der
Formſtreit über das Wort „müſſen“ aufgegriffen. Der
Kurfürſt zog noch andere Rechtsverſtändige zu Rathe,
welche ihm ſagten, daß er aus kanoniſchen Gründen die
Beſtätigung verweigern dürfe. Schließlich ließ er ſich bei
dem Kirchenrechtslehrer Richter in Berlin ein Gutachten
beſtellen. Als dieſes in gleichem Sinne ausfiel, erhielt
Haſſenpflug „auf ſein Nachſuchen“ sans phrase die Ent=
laſſung. Gleich darauf wurde Vilmar als Profeſſor
nach Marburg verſetzt, jedoch nicht, wie der neue Miniſter
beantragt hatte, als Lehrer der deutſchen Philologie,
ſondern als Lehrer der praktiſchen Theologie. Dort
bildete er die theologiſche Schule heran, die bis auf den

heutigen Tag in den heſſiſchen „Renitenten" ihre beklagens=
werthe Frucht getrieben hat. Auch Haſſenpflug ſiedelte
bald darauf nach Marburg über. Als er im Jahre 1862
an Gehirnerweichung ſtarb, ſagte der Kurfürſt ſcherzend:
„Ich glaube, er hat ſchon hier daran gelitten."

Nach der Entlaſſung Haſſenpflug's kam wieder das
Geſchlecht der Haſſenpflug'ſchen Epigonen an die Reihe.
Zunächſt wurde wiederum Scheffer leitender Miniſter.
Als er im Jahre 1859 abtrat, folgte ihm Abée, ein
zwar minder ſchroffer, aber doch kaum minder verhängniß=
voller Mann. Waren auch unter den übrigen Miniſtern
einzelne, die es mit dem Lande wohl meinten und ſo viel
wie möglich Gutes zu wirken ſuchten, ſo waren ſie doch
faſt in jeder Beziehung gehemmt und gefeſſelt. So kam
das Jahr 1859 heran und mit ihm die „neue Aera" in
Preußen. Die heſſiſche Verfaſſungsangelegenheit war noch
immer in der Schwebe und lag wieder einmal dem
Bundestag znr Entſcheidung vor.

Wir wiſſen nicht, wer in Preußen zuerſt den Gedanken
angeregt hat, daß es eine Ehrenſchuld Preußens ſei, ſich
des mißhandelten heſſiſchen Volkes anzunehmen. Freilich
lag dieſer Gedanke nahe genug. Konnte doch niemand
zweifeln, daß im Jahre 1850 das heſſiſche Volk zum
Prügelknaben für Preußen geworden war.

Bei der Anſprache, mit der der Prinzregent ſeine
Regierung eröffnete, athmete ganz Deutſchland friſch auf.
In der heſſiſchen Sache bot ſich die erſte Gelegenheit, die
in jener Anſprache kundgegebenen Grundſätze zu bethätigen
und für Preußen die ihm vielfach entfremdeten Sym=
pathieen des deutſchen Volkes wieder zu gewinnen. Mit
dieſem in Preußen erwachenden Gedanken begegneten ſich
die langverhaltenen Wünſche heſſiſcher Patrioten, die als=

balb demſelben Ziele ihrer Thätigkeit widmeten. Es wurde, ſoweit wir es überbliden, dieſe Thätigkeit von verſchiedenen Seiten aus geübt, und zwar, wie wir glauben, unabhängig von einander. Einerſeits war es F r i e d r i ch Oet ke r, der, aus langjähriger freiwilliger Verbannung zurückkehrend, im Herbſt 1859 in Kaſſel die „Heſſiſche Morgenzeitung" gründete und theils in dieſer, theils in ſeinen zahlreichen politiſchen Korreſpondenzen unabläſſig auf die Nothwendigkeit einer Wiederherſtellung der Ver= faſſung von 1831 hinwies. Es war andererſeits ein kleiner Kreis heſſiſcher Männer innerhalb und außerhalb Heſſens, der in Verbindung mit einer Anzahl Freunden in Berlin auf das nämliche Ziel hinarbeitete. Es galt vor allem, um das an Heſſen geübte Unrecht darzuthun, das thatſächliche Material klar zu ſtellen. So entſtanden die Flugſchriften: „Die proviſoriſchen Geſetze in Kurheſſen — 1859", „Herr Uhden und die kurheſſiſche Verfaſſung — 1859", „Der Bruch des Rechtes in Kurheſſen — 1859", „Drei Lebensläuſe in abſteigender Linie von Hippel dem Jüngeren — 1860". Bereits im November 1859 gab die preußiſche Regierung im Bundestag eine Erklärung ab, die den rechtlichen Fortbeſtand der Verfaſſung von 1831 zum Ausgangspunkte nahm. Im April 1860 fand auf Veranlaſſung eines Antrags des F r e i h e r r n von Vincke eine Verhandlung im preußiſchen Abgeordnetenhaus ſtatt, nach welcher dieſes mit großer Mehrheit mit den Schritten der königlichen Staatsregierung ſich einverſtanden erklärte. Charakteriſtiſch bei dieſer ſehr lebhaft geführten Ver= handlung war es, daß faſt die einzigen Gegner der Mehr= heit die Brüder R e i ch e n ſ p e r g e r waren; ein deutlicher Beweis, wie ſchon damals Männern von an ſich gerechtem und patriotiſchem Sinne die ultramontane Neigung vor dem

schmachvollsten in Deutschland verübten Unrecht die Augen
verschloß. Auch der früher bereits erwähnte Herr Uhden
war eifrigst bemüht, sein Werk aufrecht zu erhalten, wie
wir aus den Aufzeichnungen des Generals von Gerlach
neuerdings erfahren haben. Aber die preußische Regierung
blieb fest. Wie dann der Kurfürst sich dadurch zu retten
suchte, daß er die neue Verfassung, nunmehr mit allen
von den Ständen gestellten Verbesserungsanträgen, ge-
nehmigte und verkünden ließ; wie gleichwohl die nach
dieser Verfassung berufene zweite Kammer einmüthig die
Herstellung der alten Verfassung forderte, wie alle Versuche
der Regierung, sie zu einer anderen Erklärung zu bestimmen,
scheiterten, und wie schließlich Preußen durch sein Vorgehen
den Bundestag selbst nöthigte, sich für Wiederherstellung
der alten Verfassung zu erklären: das alles sind welt-
geschichtliche Ereignisse, die allbekannt sein dürften. Der
Kurfürst mußte sich also zu dieser Wiederherstellung ent-
schließen. Aber noch in dem Augenblicke, als er dies
that, wollte er wenigstens Preußen und den hessischen
Patrioten ein Schnippchen schlagen. Verständiger Weise
durfte man erwarten, daß die zu lösende schwierige Aufgabe in die Hand von Männern gelegt würde, die dem
bisherigen Treiben der Regierung fremd geblieben waren
und die das Werk mit Aufrichtigkeit und Geschick aus-
führen würden. In der That beauftragte der Kurfürst
den General von Loßberg in Verbindung mit dem
Regierungsrath Wiegand mit Entwerfung eines Pro-
gramms für die Wiederherstellung. Das Land vertraute
diesen Männern, nicht etwa wegen ihres hervorragenden
Liberalismus (der in der That gar nicht vorhanden war),
sondern weil es sie für kluge und befähigte Männer hielt.
General von Loßberg war überdies seit langen Jahren

Generaladjubant des Kurfürsten und dessen Rathgeber in Militärsachen gewesen, und man glaubte deshalb, daß es ihm wohl am besten gelingen werde, mit dem wunderlichen Herrn fertig zu werden. Der Kurfürst nahm denn auch das von diesen Männern entworfene Programm anscheinend willfährig entgegen. In seinem Humor schrieb er darauf: „Dienstinstruktion für Friedrich Wilhelm". Wenige Tage darauf aber erschien plötzlich eine landesherrliche Verkündigung, die zwar die Verfassung von 1831 wiederherstellte, aber von ganz anderen Männern kontrasignirt war. Im Stillen hatte der Kurfürst unter den Anhängern des bisherigen Systems ein Ministerium sich zusammengesucht und diesem das obengedachte Programm zur Ausführung überwiesen. Als ihn jemand darauf aufmerksam machte, wie kränkend sein Verfahren für seinen langjährigen Vertrauten von Loßberg gewesen, erwiderte er: „Wenn ich einen Coup machen will, kann ich doch den Loßberg nicht schonen!" Neuerdings ist auch bekannt geworden, daß der Kurfürst diesen „Coup" nicht kraft eigner Erfindung, sondern auf Anrathen seines Freundes, des Königs von Hannover, gemacht habe. Der damals benutzte Zwischenträger, Regierungsrath Meding, erzählt dies selbst in seinen Memoiren. Natürlich schloß dieses Vorgehen des Kurfürsten jede Versöhnung mit dem Lande, wenn sie überhaupt noch möglich gewesen wäre, aus. Auch Preußen ließ seinen schon früher abberufenen Gesandten nicht nach Kassel zurückkehren.

An die Spitze des neuen Ministeriums trat ein Mann, der das öffentliche Vertrauen nur in sehr geringem Maße genoß, Herr von Dehn-Rothfelser, ein Schwager des abtretenden Ministers Abée. Die Aufgabe, die den neuen Ministern gestellt war, war sehr schwierig. Sie sollten dem Lande gerecht werden und den so tief verfahrenen Staatswagen wieder in das rechte Geleise bringen. Aber sie waren doch auch vom Kurfürsten als Männer seines besonderen Vertrauens berufen und sollten ihm möglichst zu Willen sein. Sie entledigten sich dieser Aufgabe im Allgemeinen mit Wohlwollen für das Land. Es entstand unter ihrer Leitung wieder eine Anzahl nützlicher Gesetze, namentlich eine Umgestaltung der Justizorganisation, einschließlich des Zivil= und Strafprozesses, die zur vollen Befriedigung des Landes gereichte. Freilich fehlte es dabei auch nicht an Konflikten mit dem allerhöchsten Herrn. Einen dieser Konflikte erledigte Herr von Bismarck, der inzwischen das preußische Ministerium übernommen hatte, durch die bekannte Entsendung eines preußischen Feldjägers. Aber es kam auch wieder zu Entlassungen bald dieses, bald jenes Ministers. Bald stand auch wieder Herr Abée an der Spitze des Kabinets, um nunmehr seine tragische Mission zu vollenden. Andererseits fehlte es aber auch nicht an Konflikten mit den Ständen, wozu theils das Festhalten der Regierung an einigen Hassenpflug'schen Errungenschaften, theils die beharrliche Weigerung, die der Kurfürst einzelnen ständischen Begehren entgegensetzte, Veranlassung gab. Unter diesen schmerzlichen Reibungen kam das Jahr 1866 heran, und mit ihm das Verhängniß.

Der Zustand Kurhessens während der Regierung des letzten Kurfürsten.

In der bisherigen Darstellung haben wir die Geschichte Kurhessens während der letzten Stadien seines Bestandes in ihren äußeren Umrissen gezeichnet. Diese Geschichte ist gewiß keine erfreuliche. Aber in welchen deutschen Ländern wäre die Geschichte jener Perioden erfreulich gewesen? Ueberall waren die Zustände der kleineren deutschen Länder ein Spiegelbild der in Deutschland herrschenden Zustände überhaupt. Kurhessen hatte allerdings das Schicksal der im Jahre 1850 in's Land geworfenen Bundesexekution voraus. Im Uebrigen aber war es nicht schlechter daran, als viele anderen deutschen Länder.

Wir müssen unser Bild aber noch vervollständigen durch eine nähere Zeichnung des Einflusses, welchen die handelnden Menschen auf die Geschicke Kurhessens geübt haben. Erst dadurch wird sich das Bild der Zustände, wie sie in der letzten Periode dieses Landes bestanden, voll beleben.

Es kommt natürlich in erster Linie die Persönlichkeit des Kurfürsten in Betracht. Daß Kurfürst F r i e d r i c h W i l h e l m viele, zum großen Theil nicht liebenswürdige Eigenthümlichkeiten hatte, ist allbekannt. Man würde aber irren, wenn man glaubte, daß diese Eigenthümlich=

seiten nur schadenbringend für das Land gewirkt haben.
Es waren auch solche darunter, die dem Lande sehr zu
Nutze kamen. Daß hiervon weit weniger die Rede gewesen
ist, als von den schadenbringenden Eigenschaften, hat ver=
schiedene Gründe. Einmal war das Gute, das mit seiner
Regierung verbunden war, fast durchweg negativer Natur
und wurde deshalb weit weniger empfunden. Sodann
bewährte sich an dem Kurfürsten die alte Erfahrung, daß
dem Menschen am wenigsten persönliche Unliebenswürdig=
keit verziehen wird. Auch in andern Ländern sind die
Regenten nicht durchweg Muster aller Tugenden gewesen,
wenn sie auch meist ihre Eigenschaften mehr mit dem
Schleier persönlicher Leutseligkeit zu decken wußten. War
der nackte menschliche Egoismus des Kurfürsten von Hessen
nicht schön zu nennen, so war z. B. die Selbstvergötterung,
die König Georg von Hannover mit sich und seinem
Welfenthum trieb, doch auch gewiß nicht anmuthend.
Und noch in jüngster Zeit haben die Enthüllungen aus
dem intimen Hofleben des unglücklichen Königs von
Bayern die schmerzlichsten Dinge zu Tage gebracht, die
aber nicht hinderten, daß er für einen der edelsten Fürsten
Deutschlands gehalten wurde.

Der Kurfürst, wenn auch unbeholfen in seiner Sprache,
war doch durchaus nicht ohne Verstand. Er besaß sogar
eine gewisse Klugheit und Schlauheit. Er wußte die
Menschen sehr gut zu beurtheilen und namentlich ihre
Schwächen ihnen abzulauschen. Er war auch ein Muster
in der Kunst sich zu verstellen, wie er denn überhaupt auf
Wahrheit bei sich selbst keinen Werth legte. Er behandelte
die Dinge oft mit einem gewissen bitteren Humor. Er hatte
ein ausgezeichnetes Gedächtniß und vergaß nicht leicht
einen Groll, den er gegen jemanden gefaßt hatte. Er

trug diesen Groll auch auf Kinder und Verwandte des
Betroffenen über. Zur Unterstützung seiner Erinnerung
führte er übrigens auch ein (nach seinem Tode aufgefun=
denes) schwarzes Buch, worin er seine Kritiken über viele
Personen aufgezeichnet hatte Bei dem allen hatten aller=
dings seine Anschauungen etwas Beschränktes. Er hielt
streng darauf, daß bei ihm alles so gehalten wurde, wie
es bei seinem Vater und Großvater gewesen war. Er
war äußerst pedantisch in den Formen und hatte seinen
Geschäftsverkehr mit den Ministern auf das Strengste
geregelt, was zwar die Geschäfte in einen gewissen regel=
mäßigen Gang erhielt, aber dieselben doch auch vielfach
hemmte.*)

Wurde etwas in der Form gefehlt, so wies er es
zurück. Mitunter aber, wenn er aus einem rein for=
mellen oder sonstigen wunderlichen Grunde etwas abschlug,
hatte er insgeheim andere Gründe, die er unter diesem
Scheingrunde versteckte. Von Temperament war er höchst
leidenschaftlich. Bei geringen Anlässen konnte er in Wuth
gerathen, der er frei den Lauf ließ und die oft lange
andauerte. Dabei aber besaß er die Kunst, aus einem
solchen Zustande, sobald er es dienlich fand, schnell zu der
größten Liebenswürdigkeit überzugehen. Gegen die höheren
Beamten, die ihn umgaben, war er in der Regel durch=
aus höflich.

Der Hauptcharakterzug des Kurfürsten war ein un=
begrenzter Fürstenstolz. Daraus entwickelten sich vorzugs=
weise seine Eigenschaften. Zunächst eine übertriebene

---

*) Als einstmals ein hessischer Minister über diese Scrupulosität
des Kurfürsten in den Formen bei dem Gesandten einer deutschen
Macht klagte, sagte dieser: „Lieber Gott, wenn es bei uns nur so
wäre!"

Herrfchfucht. Nichts follte im Lande gefchehen ohne feine
Einwilligung. War irgend etwas gefchehen, von dem er
annahm, er habe darum gefragt werden müffen (z. B. ein
geringfügiger Umbau in einem Staatsgebäude), fo mußte
es in der Regel rückgängig gemacht werden. Fühlte er
fich durch irgend etwas in feiner Herrfcherluft verletzt
— und er war dabei völlig unberechenbar —, fo konnte
er mit der größten Härte gegen Menfchen, auch ganz un=
fchuldige, verfahren. Wo er einen Haß gefaßt hatte,
kannte er in deffen Verfolgung keine Grenzen. So z. B.
wies er wiederholt Söhne oder jüngere Brüder von
Männern, die im Landtage der Oppofition angehörten,
von der Anftellung im Staatsdienfte zurück, fodaß diefe
auswärts ihr Brod fuchen mußten.

An die Herrfchfucht des Kurfürften knüpfte fich dann
eine große Vielgefchäftigkeit. Er kümmerte fich um die
kleinften Dinge in Hof= und Staatsleben, worüber denn
die größten oft vernachläffigt wurden. Es ging ferner
aus feiner Herrfchfucht ein ftarkes Mißtrauen hervor.
Stets fürchtete er, daß er getäufcht und daß feiner Herrfch=
begierde etwas entzogen werde. Theilweife richtete fich
freilich diefes Mißtrauen auch gegen feine eigene Perfon.
Er mißtraute namentlich feiner Fähigkeit, in das Wefen
fchwieriger Sachen einzudringen und die Folgen zu über=
blicken. Aus diefem Mißtrauen gegen fich und andere
ergab fich dann feine Unentfchloffenheit, durch die oft die
wichtigften Dinge endlos hingezogen wurden oder ganz
unerledigt blieben.

Vielleicht lag es auch in dem Vollbewußtfein feiner
Fürftenwürde, daß der Kurfürft öffentlichen Huldigungen
gern aus dem Wege ging und daß er auf die Volks=
meinung keinen Werth legte.

Von Haus aus war der Kurfürst durchaus nicht geizig.
Seine Hofhaltung wurde mit dem vollsten fürstlichen Auf=
wande geführt. Einen Plan seines Hofmarschalls, wonach
Tausende in der Hofhaltung hätten erspart werden können,
ohne deren Glanz zu beeinträchtigen, lehnte er ab, weil
ihm solche Ersparnisse nicht passend erschienen. Er hatte
sogar nichts dagegen, wenn die Dienerschaft aus seiner
Hofhaltung sich mancherlei Vortheile über die Gebühr
aneignete, und er gestattete nicht, dagegen einzuschreiten,
weil es bei seinem Vater und Großvater ebenso gewesen
sei und weil man, wie er sagte, dem Ochsen, der da drischt,
das Maul nicht verbinden solle. Auch auf seinen Reisen
ging es sehr anständig und freigebig her. Es fehlte ihm
auch nicht ein gewisser Wohlthätigkeitssinn, der sich nament=
lich darin äußerte, daß er Bedürftigen, besonders ver=
schämten Armen, öfters reiche Gaben verlieh. Dies alles
deutet darauf hin, daß, wenn der Kurfürst in einer Um=
gebung gewesen wäre, die bei ihm dahin gewirkt hätte,
die Befriedigung seines Fürstenstolzes vor allem in dem
Wohlergehen seines Volkes zu suchen, noch manches andere
Gute sich in ihm hätte wecken lassen. Leider aber
unterlag er einem ständigen Einfluß, der gerade in ent=
gegengesetzter Richtung auf ihn wirkte. Es war ein schweres
Schicksal für ihn, daß er mit einer Frau bürgerlicher
Herkunft verbunden war, die er erst von ihrem bisherigen
Gatten hatte loslösen müssen. Aus einer solchen Ehe
konnte kein Segen erwachsen; und er ist für ihn nicht
erwachsen, weder im Verhältniß zu dieser Frau selbst, noch
zu seinen zahlreichen, aus dieser Ehe entsprossenen Kindern,
noch zu dem Lande, dem er in dieser Frau keine wahre
Fürstin zuführen konnte. Der Kurfürst war sich der
Schwere dieses Schicksals wohl bewußt. Er knirschte oft

in den Banden, die ihn gefeffelt hielten; aber er konnte
fich ihnen nicht entwinden. Das Mißgefchick diefer Ver=
bindung, die kränkende Zurücfetzung, die er deshalb von
feinen Standesgenoffen erfuhr, das fchmerzliche Bewußtfein,
feinen Kindern nicht den Thron feiner Ahnen hinterlaffen
zu können, die häufigen betrübenden Vorgänge in feiner
Familie felbft, das alles verbitterte ihn noch mehr und
bewirkte, daß er auch an fremdem Glück keine Freude fand.
Der Haupttrieb jener Frau beftand darin, Schätze zu
fammeln für fich und ihre Nachkommenfchaft, zu welcher
außer den neun Kindern des Kurfürften auch noch zwei
Söhne erfter Ehe gehörten, die mit dem heffifchen Adels=
namen derer von Scholley gefchmückt wurden. Vorzugs=
weife durch den Einfluß diefer Frau kam auch über den
Kurfürften felbft der Trieb des Sparens und Geldmachens.
       Der Kurfürft von Heffen konnte als einer der reichften
Fürften gelten. Die Einkünfte feines Antheils an dem
mit dem Lande getheilten Schatz — des Hausfchatzes
betrugen an 300 000 Thaler. Ebenfo hoch belief fich die
vom Lande zu zahlende Hofdotation (Zivillifte). Bei
Uebertragung der Regentfchaft auf feinen Sohn (1831)
hatte fich allerdings Kurfürft Wilhelm II. die Einkünfte
des Hausfchatzes vorbehalten. Friedrich Wilhelm bezog
daher als Mitregent nur die Hofdotation, auf der zugleich
die Unterhaltung des gefammten Hofftaates laftete. Seit
dem Jahre 1834 hatte er, freilich unter lebhaftem Wider=
fpruch der Stände, feine Einkünfte durch das Aufkommen
der von einer Nebenlinie des Kurhaufes heimgefallenen
Rotenburger Quart, das an 50 000 Thaler betrug, zu
vermehren gewußt. Im Jahre 1848 ward er jedoch ge=
nöthigt, diefes Aufkommen dem Lande wieder abzutreten. In=
zwifchen war ihm aber durch den Tod des Kurfürften (1847)

auch das Einkommen vom Hausschatze zugefallen. Trotz
dieser reichen Einkünfte wurde, abgesehen von dem stets
aufrecht erhaltenen vollen Luxus des Hoflebens, durchweg
das größte Sparsystem geübt. Ausgaben für höhere
Zwecke, für Kunst und Wissenschaft, entsprachen nicht
den kurfürstlichen Neigungen. Von Kunstanstalten wurde
nur das Theater, das der Kurfürst stets besuchte, in
gutem Stand erhalten. Die Kunstsammlungen Kassels
(Bildergallerie, Museum, Marmorbad) waren stets ver-
schlossen, weil die Benutzung durch das Publikum die
Hofkasse mit Kosten belastet haben würde. Von neuen
Bauten, wie sie frühere Fürsten dem Lande hinterlassen
hatten, war nicht die Rede. Selbst die vorhandenen Hof-
bauten, soweit sie nicht zum unmittelbaren Gebrauch des
Kurfürsten dienten, zerfielen. In den vierziger Jahren
war der Riesenbau auf Wilhelmshöhe, der das Standbild
des Herkules trägt, so zerfallen, daß er den Einsturz
drohte. Der Regent wollte die Kosten der Wiederherstellung
nicht genehmigen. Man erzählte, er habe erklärt, daß,
wenn das Land die Kosten nicht bewillige, er den Bau
mit Kanonen zusammenschießen lassen werde. Um dieses
Wahrzeichen Kassels zu erhalten, bewilligten die Stände
wiederholt große Summen. Das Sparsystem der Hofkasse
wurde aber auch auf den Staat übertragen. Weil der
Kurfürst seinen Hofbeamten keine höheren Gehalte geben
wollte, mußten auch die Staatsdiener mit dürftigen Gehalten
sich begnügen. Dagegen wurde keine Gelegenheit unbenutzt
gelassen, um die kurfürstliche Familie zu bereichern. Heim-
fallende Staatslehen wurden durchweg an die Söhne des
Kurfürsten verliehen, wodurch der Staat mehrfach mit
solchen, die die Lehnfolge in Anspruch nahmen, in schlimme
Prozesse verwickelt wurde. Um die gesammelten Gelder

sicher anzulegen, wurde die reiche Herrschaft Horzowitz in
Böhmen angekauft und daraus ein Familienfideikommiß
für die Söhne des Kurfürsten gestiftet, wobei es übrigens
dem Kurfürsten zugleich darum zu thun war, auf Grund=
lage dieser Herrschaft für seine Söhne den Fürstentitel zu
erwerben. Eingeweihte sind sogar überzeugt, daß das
eigentliche Ziel des Verfassungsumsturzes von 1850 für
den Kurfürsten die Wiedererlangung des Staatsschatzes
gewesen sei, dessen Entziehung ihm stets als eine Art
Raub vorschwebte. Dieses Ziel wurde freilich nicht erreicht.
Sind wir recht unterrichtet, so verdankt das Land die
Erhaltung des Staatsschatzes namentlich der Thätigkeit
Vilmar's, der als Mitglied der ersten Kammer, wo ihm
das Referat über die neue Verfassung zugetheilt war,
dafür sorgte, daß die Bestimmungen der älteren Verfassung
über das Staatsvermögen erhalten blieben. Er erregte
dadurch den großen Unwillen Hassenpflug's, der sich
wahrscheinlich in dieser Beziehung dem Kurfürsten engagirt
hatte. Es ist nicht unwahrscheinlich, daß dieser Mißerfolg
dazu beitrug, Vilmar und Hassenpflug fallen zu lassen.
Statt des gehofften Vermögenszuwachses erlangte der
Kurfürst nur, daß er seine Gemahlin, die bis dahin
Gräfin von Schaumburg hieß, unter österreichischer An=
erkennung zur Fürstin von Hanau, seine Kinder zu
Prinzen und Prinzessinnen von Hanau erheben durfte,
welchen Titeln dann auch noch Oesterreich den der Fürsten
von Horzowitz hinzufügte. Diese Standeserhöhung führte
aber nur zu einer noch beharrlicheren Durchführung des
Sparsystems, da nun der Kurfürst seinen Kindern eine
fürstliche Existenz sichern zu müssen glaubte.

Die geschilderten Eigenheiten des Kurfürsten, so wenig
man auch vom Standpunkt menschlicher Betrachtung davon

eingenommen sein wird, übten doch, wie wir vom geschicht=
lichen Standpunkt anerkennen müssen, gleichsam in ihrer
Kehrseite manches Gute, was andere Länder entbehrten.
Seine Abneigung, jemandem Wohlwollen zu erweisen, wurde
von ihm so allgemein und folgerichtig durchgeführt, daß
aus ihr eine Art Ersatz durchgreifender Gerechtigkeit sich
entwickelte. Und während der Kurfürst sich nicht scheute,
selbst Dinge zu thun, die allgemein für unrecht gehalten
wurden, war er doch eifrigst bemüht, bei allen unter ihm
Stehenden kein Unrecht aufkommen zu lassen. Dadurch
blieb das Staatsleben vor vielem Schlimmen bewahrt.

Zunächst konnte man vom Kurfürsten sagen, daß er
durchaus keine Günstlinge (weder männliche noch weibliche)
habe. Das ist bei einem Fürsten schon viel. Niemand
konnte sich rühmen, ihn dergestalt zu beherrschen, daß er
durch seinen persönlichen Einfluß etwas bei ihm durch=
zusetzen vermocht hätte. Kein Minister durfte sich einfallen
lassen, jemanden aus persönlicher Rücksicht (z. B. als seinen
Verwandten) zu empfehlen. An dem Minister und an
dem Empfohlenen würde sich das bitter gerächt haben.
Jede Bevorzugung irgend einer Person bedurfte bei ihm
der besonderen Begründung. Er war auch stets bemüht,
das ganze Staatswesen in dieser Richtung streng zu über=
wachen. Persönliche Unterwürfigkeit war ihm zuwider.
Zwar hatte er für seine Zwecke in den höchsten Stellen
stets Männer nöthig, die ihm möglichst zu Willen waren.
Aber er liebte es, zugleich mit anderen Männern von
anständiger Gesinnung — wofür er ein sehr feines
Empfinden hatte — Beziehungen zu erhalten, und diese
benutzte er dann zur Kontrolle jener. So blieb das
Land frei von Nepotismus und persönlicher Protektion,
wie sie wohl in anderen Ländern vorzukommen pflegen.

Eine vorherrichende Ariftokratie hat Heffen nie gehabt. Seit Jahrhunderten giebt es in Altheffen eine Ritterichaft, bestehend aus etwa 40 Familien. Diefe Ritterichaft bildete von altersher einen Hauptbestandtheil der heffifchen Landstandschaft. Auch besißt sie gewiffe ihr als Korporation zustehende Vermögensbestände. Sonst aber hatte sie keinen Vorzug im Staatsleben. Im Allgemeinen war diefe Ritterichaft, im Vergleich mit dem Adel anderer Länder, arm. Ihre Güter sind meist klein und waren auch früher vielfach verschuldet. Erst in neuerer Zeit haben mit der allgemeinen Hebung des Wohlstandes auch viele Mitglieder der Ritterichaft sich zu Wohlhabenheit, ja zu Reichthum emporgearbeitet. Von jeher hat es in der heffifchen Ritter= ichaft Männer, man kann sagen ganze Familien gegeben, welche Adelige im besten Sinne des Wortes waren und in ihrer Stellung das Intereffe des Landes vertraten. Als Haffenpflug die von ihm neugeschaffene „erste Kammer" fast ausschließlich aus der Ritterichaft gebildet hatte, war es diese Kammer, an welcher sich die Wogen seiner Willkürherrichaft zuerst brachen. Andererseits kann man der Ritterichaft den Vorwurf nicht ersparen, daß sie in manchen Perioden der heffifchen Geschichte zu engherzig an ihren Standesinteressen festgehalten hat. Der Adel als solcher fand bei dem Kurfürsten keine Begünstigung. Nur die höheren Hofstellen wurden ausschließlich mit Adeligen besetzt. Im Staats= und Militärdienst war der Adel kaum bevorzugt. Es wurde auch nur höchst selten in Kur= heffen der Adel verliehen. Minister und Generale waren und blieben Bürgerliche, ohne daß dies jemandem auffiel. Auch mit Ordensverleihungen war der Kurfürst höchst sparsam.

Nicht minder hielt sich die Regierung des Kurfürsten völlig frei von ultramontanen Einflüssen. Die heffifche

Verfassung enthielt ausreichende Bestimmungen, welche die
Rechte des Staates der katholischen Kirche gegenüber
wahrten. Der Kurfürst (der selbst häufig die Kirche,
und zwar stets die Garnisonskirche, besuchte) legte ent=
schiedenen Werth auf sein protestantisches Glaubensbekennt=
niß. Einstmals schrieb er auf eine Vorstellung: „Steht
nicht zu bewilligen als Enkel Philipp des Großmüthigen".
Bei Gesuchen um Aufnahme in den Unterthanenverband
wurde auch das Glaubensbekenntniß des Nachsuchenden
in Betracht gezogen. War er Katholik, so erlangte er
nicht leicht die Aufnahme. Der Kurfürst liebte die
Katholiken nicht, weil er annahm, daß diese in dem Pabst
noch einen anderen Oberherrn, als ihn selbst verehrten.
Der Bischof von Fulda blieb ohne allen politischen Ein=
fluß. Nie ist von einem durch ultramontane Bestrebungen
veranlaßten Streite in Kurhessen etwas verlautet. Als
die deutsch=katholische Bewegung begann, fanden Anfangs
die Gegner der Lehre vom heiligen Rock in Kurhessen
entschiedene Begünstigung. Erst später, als man in den
Deutschkatholiken eine zugleich politisch freisinnige Partei
witterte, wurden sie unter dem Ministerium Scheffer in
brutaler Weise verfolgt.

Auch den protestantischen Orthodoxen war der Kurfürst
in seinem Herzen durchaus nicht zugeneigt. Er benützte
sie nur, soweit er in ihnen willfährige Diener fand; wie
denn auch manche Diener ihre natürliche Willfährigkeit
in das Gewand der Frömmigkeit einkleideten. Sobald
aber die Orthodoxen herrschen wollten, war die Freund=
schaft mit ihnen vorbei. Es ist bereits oben erwähnt,
wie der Kurfürst (1855) dem Vilmar'schen Treiben die
Spitze abbrach. In vertraulichen Gesprächen machte er
sich auch öfters über „die Pfaffen" lustig; wie er denn

3*

auch nicht ohne Sinn für deren Schwächen war. Einem wohlsituirten Geistlichen, der um Vermehrung seiner Ein= künfte bat, rescribirte er: der Geistliche müsse nicht nach dem Mammon trachten.

Endlich gab es in Kurhessen auch keine Büreaukratie, so wie sie wohl in andern Ländern besteht. Beamte voll Uebermuth, Inhumanität oder Fiskalität würden beim Kurfürsten schlecht gefahren sein. Denn wenn dieser auch im Allgemeinen wenig Wohlwollen besaß, so hatte er doch einen gewissen Sinn für den gemeinen Mann, und er wollte durchaus nicht, daß dieser von dem Höherstehenden gedrückt werde. Dies war auch der Grund, weshalb er der in den letzten Jahren so lebhaft betriebenen Bewegung für Erlaß eines Verkoppelungsgesetzes beharrlich widerstrebte. Den wiederholten Vorträgen seiner Minister über diesen Gegen= stand pflegte er zu antworten: „Das mag alles ganz gut sein, aber für die armen Leute ist es schlecht. Sie ver= lieren ihr Aeckerchen und bekommen nichts dafür, und die Großen und Reichen bekommen noch mehr." Das mochte ja eine einseitige Anschauung sein, aber es ist nicht zu zweifeln, daß sie ehrlich von ihm gemeint war.

Es fehlte auch dem Kurfürsten nicht ein gewisser Rechtssinn. Vor allem war er sehr eifrig in Bewahrung seiner eigenen Rechte, und man konnte ihn fast prozeß= süchtig nennen. Er scheute sich nicht, selbst mit seinen nächsten Angehörigen Prozesse zu führen. War er aber unterlegen, so beruhigte er sich bei dem Urtheile. Auch bei Ausübung des Begnadigungsrechts, namentlich bei ihm vorliegenden Todesurtheilen, ging er mit der größten Sorgfalt und Aengstlichkeit zu Werke. Es war sein eifrigstes Bemühen in den Fall einzudringen und sich selbst ein Urtheil zu bilden. Er konnte hierüber, sowie überhaupt über Gegenstände, die ihn interessirten, die längsten Vorträge seiner Minister mit der größten Geduld entgegennehmen. Es fehlte ihm also nicht an Gewissen=haftigkeit in solchen Dingen, wo er sich bewußt war, eine Pflicht erfüllen zu müssen.

Reichten auch diese besseren Züge in dem Charakter des Kurfürsten nicht aus, um dasjenige, was ihm an guten Eigenschaften mangelte, zu ersetzen, so sind sie doch geeignet, auf das Bild seiner Person ein einigermaßen versöhnendes Licht zu werfen, und jedenfalls dienten sie dazu, vom Lande manches fern zu halten, worunter andere Länder gelitten haben.

Nächst der Person des Regenten war für die inneren Zustände Kurhessens der Staatsdienerstand von Bedeutung. Man darf behaupten, daß dieser einen tiefgreifenden und wohlthätigen Einfluß auf die Geschicke des Landes geübt hat.

Der hessische Staatsdiener hatte schon lange vor der Verfassung eine gesicherte Stellung. Bereits das Haus= und Staatsgesetz von 1817 sprach aus, daß ohne Urtheil und Recht kein Staatsdiener seiner Stelle entsetzt oder ihm sein rechtmäßiges Diensteinkommen entzogen werden könne. Denselben Grundsatz enthielt die Verfassung von 1831. In dem gleich darauf erlassenen Staatsdienstgesetz wurden die Rechtsverhältnisse der Staatsdiener noch ge=nauer geregelt. Jedem Staatsdiener stand ein klagbares Recht auf seinen Gehalt zu, und die Beschreitung des Rechtswegs war an keine künstlichen Schranken gebunden. Die Gehalte selbst waren, selbst nach dem früheren Geld=werthe bemessen, gering. Ein Richter z. B. bei seiner ersten Anstellung (als „Amtsassessor") bezog 300 Thaler, und blieb in dieser Stellung meist vier bis fünf Jahre. Auch kannte man kein „Gnadenquartal". Dagegen war sowohl

dem Staatsdiener selbst für den Fall seiner Invalidität,
als auch seinen Hinterbliebenen für den Fall seines Todes
ein Recht auf Pension gesichert. Besondere „Remunerationen"
für Beamte waren ganz unbekannt. Es gab dazu gar
keine Fonds. Dienstwohnungen bestanden nur ganz ausnahmsweise, wo das Bedürfniß des Dienstes es erheischte.
Nirgends wurden sie von Staatswegen mit Möbeln x.
ausgestattet. Auch mit allen auf den Ehrgeiz des Staats-
dieners berechneten Reizmitteln war man sehr sparsam.
Die Titel waren einfach und meistens nur einer Bezeichnung
der Dienststelle entnommen. Eine besondere Verleihung
von solchen war sehr selten. Man erwartete von jedem
Beamten, daß er auch ohne das seine Pflicht thun werde.
Auch Nebenverdienste, wie sie wohl mitunter Beamte sich
zu erwerben wissen, kamen unter der Regierung des letzten
Kurfürsten nicht vor. Man wird seit dem Jahre 1831
keinen hessischen Beamten nachweisen können, der arm in
sein Amt gegangen und reich wieder herausgegangen wäre.
So wie dem Kurfürsten alles büreaukratische Wesen zuwider
war, so konnte er auch ein ehrgeiziges Vordrängen nicht
leiden. Das Wort „Streber" war bis zum Jahre 1866
in Kurhessen ganz unbekannt. Ohne Zweifel gab es auch
hier ehrgeizige Menschen. Aber sie durften nicht wagen,
sich als solche aufzuspielen. Sobald der Kurfürst Absicht
merkte, war er verstimmt. Es war auch durchaus unüblich,
sich zu höheren Stellen zu melden. Man würde das für
eine unbegreifliche Anmaßung gehalten haben. Jeder
wartete ruhig ab, ob er befördert werde. Es war auch
nicht gebräuchlich, daß der Beamte seinem Titel das Wort
„Kurfürstlicher" vorgesetzt hätte. Daß man dem Kurfürsten als Staatsoberhaupt diente, sah man als selbstverständlich an.

Die Dienstaufsicht über Staatsbeamte stand der vorgesetzten Dienstbehörde zu, die auch Disziplinarstrafen innerhalb bestimmter Grenzen erkannte. Auf Dienstentlassung, sowohl wegen gemeiner Vergehen, als wegen schwerer oder sich wiederholender Dienstvergehen, konnten nur die ordentlichen Gerichte erkennen. Disziplinargerichte gab es nicht. Die Dienstaufsicht wurde im allgemeinen mit Humanität geübt. Aber man wird auch nicht sagen können, daß eine auf Duldung von Mißbräuchen gerichtete Schlaffheit bestanden habe. Bedeutungsvoll war in dieser Beziehung, daß in allen Mittelinstanzen, Gerichten wie Verwaltungsbehörden, das kollegialische Prinzip streng durchgeführt war. Der Präsident oder Direktor war nur ein primus inter pares. Er hatte Selbständigkeit nur in der inneren Leitung der Geschäfte, in keiner Beziehung aber nach außen hin. Alle Angelegenheiten, namentlich auch die Disziplin gegen untergeordnete Beamte, wurden kollegialisch erledigt. Darin lag ein großer Schutz gegen Mißbrauch. Auch bei Stellen, die mit einem Einzelbeamten besetzt waren, unterschied man streng zwischen dem Amt und der Person. Gesuche an den Beamten als solchen wurden stets an das Amt, niemals an die Person gerichtet und adressirt. Wer also einen Landrath amtlich angehen wollte, schrieb nicht einen Brief an den „Herrn Landrath", sondern richtete eine Eingabe an das „Kurfürstliche Landrathsamt". In dieser strengen Trennung des Amtes von der Person lag eine Hemmniß des büreaukratischen Sinnes, in den der Beamte leicht verfällt, wenn er seine Person stets als identisch mit dem Amte betrachtet. Sie war auch ein sicheres Unterscheidungszeichen dafür, was der Beamte als amtlich und was er als persönlich zu behandeln habe.

In zwei Beziehungen blieb freilich der kurhessische Beamte, und zwar auch der Richter, von dem Belieben des Landesherrn und seiner Minister abhängig. Es konnte ihm jede Beförderung versagt werden; und er mußte sich Versetzungen ohne Verlust an Rang und Gehalt und gegen Erstattung von Umzugskosten „aus höheren Rück= sichten des Staates" gefallen lassen. Von beiden Mitteln, mißliebig gewordene Beamten zu strafen, wurde öfters, seltener jedoch von dem ersten, häufiger von dem zweiten, besonders in den ersten Jahrzehnten der Regierung des Kurfürsten, Gebrauch gemacht. Später hatten diese Mittel sich abgenutzt und ihre Schrecknisse verloren. Kurhessen war ohnehin nur klein; und gar zu weit weg konnte ein Beamter nicht versetzt werden. Durch die Eisenbahnen hatte auch die Vereinsamung der kleineren Orte aufgehört.

Unter diesen Verhältnissen hatte sich in der hessischen Staatsdienerschaft ein merkwürdig übereinstimmender Geist ausgebildet. Man darf ihn im Allgemeinen als den ein= facher Pflichterfüllung bezeichnen. Zeugniß hiervon gab, daß, als die Wirren des Jahres 1848 hereinbrachen, die Beamtenschaft fast ohne Ausnahme der Sache der Ordnung treu blieb. Nur von ganz wenigen hörte man, daß sie „Demokraten" geworden seien. Es waren solche, die auch schon vorher keines besonderen Vertrauens sich erfreuten, und einzelne unter ihnen waren früher sogar eifrige Regierungsmänner gewesen. In umgekehrter Richtung aber trat die nämliche Erscheinung darin zu Tage, daß, als im Jahre 1850 Hassenpflug seinen Verfassungs= umsturz begann, wiederum nur wenige unter den Beamten ihm zur Seite standen, die große Mehrzahl dagegen der Sache des Rechtes treu blieb.

Bei dem Umsturz der Verfassung wurden natürlich

auch die Staatsdienerverhältnisse umgestaltet. Hatten doch, wie Hassenpflug meinte, die Staatsdiener die „Revolution" (wie anderwärts gesagt wurde „die Revolution in Schlaf= rock und Pantoffeln") gemacht. Zunächst wurde unter den Personen aufgeräumt. Eine Anzahl Staatsdiener war bereits durch die eingelegten „Strafbayern" zur Abschied= nahme gedrängt worden. Andere wurden wegen ihrer auf Schutz der Verfassung gerichteten Amtshandlungen vor die Kriegsgerichte gestellt, wo österreichische und bayerische Soldaten sie aburtheilten. Ein Glück, daß die Sache schon in der Mitte des neunzehnten Jahrhunderts spielte. Es wurden nur Festungsstrafen von kürzerer oder längerer Dauer erkannt. Hätte die Sache mit den nämlichen Personen hundert Jahre früher sich abgespielt, wie würden da die Köpfe geflogen sein! Demnächst wurden viele Beamte mit Verringerung ihres Gehalts „disponibel ge= stellt", was bei der Geringfügigkeit der Gehalte an sich sie sehr hart traf. Andere wurden durch gehässige Ver= setzungen gestraft. Dagegen wurden die Anhänger Hassen= pflug's durch reichliche Beförderung, auch durch Verleihung von Orden belohnt. Sodann wurden aber die auf den Beamtenstand bezüglichen Gesetze umgestaltet. Die Rechts= sicherheiten, welche der Staatsdiener besaß, wurden um= gestoßen. Disziplinargerichte wurden errichtet, welche für Dienstvergehen an die Stelle der ordentlichen Gerichte traten. Ein neues Dienstvergehen wurde in der „feindseligen Parteinahme gegen die Regierung" geschaffen. Jetzt tauchte auch zuerst die Einrichtung auf, daß den Präsidenten oder Direktoren der Kollegien eine selbständige Stellung über oder neben dem Kolleg zugewiesen wurde; ein Haupt= beförderungsmittel büreaukratischen Regiments. Die ganze Organisation Hassenpflug's war überhaupt darauf berechnet,

mit einer Minderheit zu regieren, da ihm nur eine solche
zu Gebote stand.

Gleichwohl erreichte Haffenpflug bei weitem nicht das,
was er wollte. In der ganzen Staatsdienerschaft lag ein
stillschweigender Widerspruch gegen sein System. Oftmals
klagte er, daß er überall Widerstand fände. Und so ist
auch diese Periode vorübergegangen. Mit Herstellung der
Verfaffung wurden im Wesentlichen die früheren Verhält=
niffe des Staatsdienstes wieder hergestellt. Jedoch regelte
ein neues Gesetz schärfer und genauer die Handhabung
der Dienstordnung.

Beffer ist der heffische Beamtenstand aus der Haffen=
pflug'schen Periode nicht hervorgegangen. Im Gegentheil,
er hat sich von den Schlägen dieser Periode niemals
wieder völlig erholt. Ein Theil der tüchtigsten Kräfte
war in das Ausland gewandert und für Kurheffen ver=
loren. Eine Anzahl unbedeutender Existenzen war durch
die Welle des Zufalls in die Höhe getragen an Stellen,
die sie sonst wohl nie erreicht haben würden. Und unter
den äußerst wenigen Fällen, in denen innerhalb Menschen=
gedenkens gegen heffische Beamte auf Dienstentlaffung
erkannt war, bildete jetzt den ruchbarsten Fall, daß der
durch Haffenpflug vom Amtsadvokaten zum Richter be=
förderte Präsident des heffischen Treubundes durch richter=
liches Urtheil seines Dienstes entlaffen und zugleich zu
Zuchthausstrafe verurtheilt werden mußte.

Betrachten wir uns die einzelnen Zweige der Staats=
thätigkeit etwas näher.

Die am wenigsten befriedigende Seite des heffischen
Staatslebens war ohne Zweifel die Verwaltung. Sie war
sich kaum bewußt, die Aufgabe zu haben, positiv an dem
Wohle des Volkes zu arbeiten. Und wo auch Einzelne

dieses Bewußtsein haben mochten, scheiterte doch jedes Be=
streben dieser Art an der Schlaffheit und Gleichgültigkeit
der höchsten Organe und an der Abneigung des Kurfürsten
gegen jede Neuerung. Das Regieren bestand also nur
in der unabweislichen Handhabung der laufenden Geschäfte,
in der polizeilichen Ueberwachung und in der strengen
Aufrechthaltung der landesherrlichen Rechte. Für alles
Uebrige hatte man keinen Sinn.

Je weniger nun die Regierungsbehörden Positives
leisteten, um so mehr trat die Bedeutung der Gerichte
hervor, denen die besten geistigen Kräfte des Landes sich
zuwandten. Daß für eine gute Justiz bereits im vorigen
Jahrhundert die Grundlagen gelegt waren, ist schon oben
(S. 5) erwähnt worden. Das im Jahre 1743 eingesetzte
Oberappellationsgericht zu Kassel erhob sich bald zu einem
der besten deutschen Gerichtshöfe. Neben wissenschaftlichem
Sinne war auch eine gesunde Berücksichtigung der An=
forderungen des praktischen Lebens in ihm vertreten. Die
frühere Patrimonialgerichtsbarkeit war in westphälischer
Zeit abgeschafft worden und wurde auch nach deren Ablauf
nicht wieder hergestellt. Im Jahre 1834 wurde dann
der Zivilprozeß auf sehr guten Grundlagen umgestaltet
(S. 13). Für Bagatellsachen wurde ein rein mündlicher
Prozeß, jedoch mit schriftlicher Aufzeichnung des Wesent=
lichen eingeführt. Diesen Prozeßgesetzen verdankte der hessische
Richterstand einen wesentlichen Theil seiner guten Schulung.

Im Jahre 1848 sollte, wie fast überall, auch in Hessen
Mündlichkeit und Oeffentlichkeit nach französischem Muster
eingeführt werden. Es kam aber nur bezüglich des Straf=
prozesses — für dessen Umgestaltung allerdings ein
bringendes Bedürfniß vorlag — zur Vollendung der ent=
sprechenden Gesetze. Für den Zivilprozeß gab erst wiederum

Hassenpflug im Jahre 1851 eine nur aus wenigen Para=
graphen bestehende Novelle, welche Mündlichkeit nach dem
Muster des altpreußischen Prozesses einführte. Durch die
Gesetzgebung von 1863 wurde dieses Verfahren in seinen
Grundlagen zwar beibehalten, aber nach den gemachten
praktischen Erfahrungen wesentlich verbessert. Der so ge=
schaffene Prozeß war einfach und natürlich und stellte
doch die Parteirechte in hohem Maße sicher. Ein wesent=
licher Vorzug der hessischen Rechtspflege war aber auch,
daß die Kosten derselben nur mäßig waren, so daß jeder
ohne allzugroße Beschwerniß einen Richterspruch erlangen
konnte. Kurhessen erfreute sich also im Jahre 1866 einer
durchaus befriedigenden Rechtsprechung.

Die Justiz hatte aber noch deshalb eine besondere
Bedeutung für das Land, weil sie nach der Ausbildung,
die sie gewonnen, zugleich einen starken Schutz gegen
Verwaltungswillkür abgab. Bedeutungsvoll hierfür war
namentlich die schon seit dem Jahre 1821 bestehende voll=
ständige Trennung der Justiz von der Verwaltung ge=
worden. Die Verfassungsurkunde von 1831 bestimmte
dann ferner, daß niemand an Verfolgung des Rechts=
weges gehindert werden könne, daß die Beurtheilung der
Frage, ob eine Sache zum Gerichtsverfahren sich eigne,
dem Richter nach Maßgabe der bestehenden Rechtsgrund=
sätze und Gesetze gebühre, und daß niemand seinem gesetz=
lichen Richter entzogen werden dürfe. Ein sehr wichtiges
Gesetz war auch das im Jahre 1832 über den Geschäfts=
kreis der Staatsanwälte ergangene. Danach wurde als
prozessualischer Vertreter sowohl des Staates als der
Landesherrschaft in Zivilsachen für jede Provinz ein
Staatsanwalt bestellt, gegen den eine jede wider den
Staat oder die Landesherrschaft zu erhebende Klage zu

richten war. Dadurch wurde der schlimme Zustand ab=
geschnitten, wonach der, welcher gegen den Staat oder die
Landesherrschaft eine Klage erheben will, erst mühsam die
Behörde aufsuchen muß, gegen die er seine Klage zu
richten habe, wobei es ihm dann leicht begegnen kann,
daß er von Pontius zu Pilatus geschickt wird und darüber
vielleicht sein Recht einbüßt.

Die Rechtsprechung in Staatssachen, welche sich auf
diesen Grundlagen entwickelte, ist viel gelobt und viel
getadelt worden. Zur Schmähung mußte der Satz dienen:
daß in Kurhessen jede Verwaltungshandlung habe vor
Gericht gezogen werden können. Dieser Tadel läuft auf
eine Entstellung der Sache hinaus. Eine Verwaltungs=
handlung als solche wurde niemals vor die Gerichte
gezogen. Die Gerichte erkannten die Freiheit der Ver=
waltung in allen Verwaltungsfragen in vollem Maße
an. Nie würde es z. B. einem Gericht eingefallen
sein, einen Staatsdiener gegen eine Versetzung zu schützen,
weil dieser bestritten hätte, daß dieselbe „aus höheren Rück=
sichten des Staates" erfolgt sei. Nur wo die Verwaltungs=
behörden in Privatrechte unter Verletzung eines nach
Rechtsregeln erkennbaren Rechtsgrundsatzes eingriffen, ge=
währten die Gerichte dagegen Schutz. Dies war überhaupt
nach der Entwickelung der vergangenen Jahrhunderte
deutsches Recht. Erst Stahl und seine Schule haben
dieses Recht dergestalt umgemodelt, als ob Justiz und
Verwaltung zwei ganz getrennte „Lebensgebiete" hätten,
auf denen jede unumschränkt herrsche, sodaß die Verwaltung
auf ihrem Lebensgebiet auch darüber zu judiziren habe,
ob sie Privatrechte der Unterthanen verletze und verletzen
dürfe, oder nicht. Zweck dieser Lehre war, jeden Rechts=
schutz der Unterthanen der Staatsverwaltung gegenüber

auszuschließen. Diese Lehre ist dann von der moderneren
Gesetzgebung deutscher Staaten bereitwillig angenommen
worden, und auch Hassenpflug hatte bei seinem Ver=
fassungsumsturz sie in Kurhessen eingeführt. Bei der
Wiederherstellung der Verfassung von 1831 wurde auch
in dieser Beziehung der frühere Rechtszustand wieder=
hergestellt. Allerdings gehört dazu, daß diese Recht=
sprechung ohne Gefährdung der Staatsinteressen geübt
werde, ein durchgebildeter, von Exzentrizitäten freier
Juristenstand. Einen solchen besaß aber auch Kurhessen,
und man wird unter den zahlreichen auf diesem Gebiet
ergangenen Entscheidungen des Oberappellationsgerichts
zu Kassel nicht eine einzige aufweisen können, die in
Wahrheit der Staatsverwaltung zu nahe getreten wäre.
In großen Staaten, wo durch die öffentliche Meinung,
wie sie namentlich in den Parlamenten vertreten ist, eine
nicht unerhebliche Kontrole gegen Mißbräuche der Ver=
waltung geübt wird, mag eine solche Rechtsprechung vielleicht
weniger als Bedürfniß empfunden werden. In Kurhessen
hat sie äußerst wohlthätig gewirkt. Schon der Bestand
einer solchen Rechtsprechung nöthigt die Verwaltungs=
behörden, strenger auf Einhaltung der Rechtsgrenze bedacht
zu sein.

Durch diese sein ausgebildete Rechtsprechung in Staats=
sachen stand Kurhessen an der Spitze der deutschen Rechts=
entwickelung. Es war vorzugsweise der deutsche Rechtsstaat;
nicht etwa in der Art, wie Mecklenburg, wo auch über
staatsrechtliche Fragen prozessirt werden konnte, aber nur
deshalb, weil dort das ganze Staatswesen in privat=
rechtlichen Anschauungen stecken geblieben ist; vielmehr
unter voller Entwickelung des staatsrechtlichen Gedankens.

In neuester Zeit hat man etwas Aehnliches, wie Kur=

Hessen in seiner ordentlichen Rechtsprechung besaß, in deutschen Staaten dadurch einzuführen gesucht, daß man besondere Verwaltungsgerichte geschaffen hat, welche Fragen des öffentlichen Rechtes, in manchen Beziehungen sogar in einem größeren Umfange, als durch die hessischen Gerichte geschah, zum Gegenstand ihrer Rechtsprechung machen. So ist es auch in Preußen geschehen. Es kann jedoch nicht die Aufgabe dieser geschichtlichen Darstellung sein, auf eine Vergleichung beider Arten von Rechtsprechung tiefer einzugehen.

Um ein Bild von den Zuständen des Landes zu geben, müssen wir auch dessen wirthschaftliche und finanzielle Verhältnisse in Betracht ziehen. Diese waren sehr eigenthümlich, lassen sich aber mit zwei Worten kurz bezeichnen: das Land war arm, der Staat war reich.

Das Land war arm. Die Bevölkerung treibt vorzugsweise Ackerbau. Der Boden des Landes ist von mäßiger Fruchtbarkeit. Der starke Wechsel von Berg und Thal, so anmuthig er auch dem Durchreisenden erscheinen mag, ist dem Landbau nicht günstig. Größere fruchtbare Ebenen giebt es nur wenige. Der Boden des Landes liegt im Durchschnitt 225 Meter hoch über dem Meere. Gar manche Dörfer liegen in gebirgiger, rauher Lage. Mindestens zwei Fünftel des Bodens sind von Wald bedeckt und zum Feldbau ungeeignet. Im Verhältniß zu dem Umfang des fruchtbaren Geländes ist das Land stark bevölkert.

Die große Masse der Landbewohner sind kleine Bauern, die auf freiem Grundeigenthum sitzen. Leibeigenschaft hat im alten Hessen nie bestanden, und auch im übrigen Lande war sie schon lange bis auf wenige noch fortbestehende Lasten verschwunden. Bis zum Jahre

1848 wurden in manchen Landestheilen noch viele Grund=
stücke als bäuerliche Leihe besessen. Durch ein Gesetz von
jenem Jahr gingen diese Leihen in das freie Eigenthum
der Besitzer über. Ein gesetzlicher Güterschluß besteht
nicht, wenn auch in den meisten Landestheilen die Einheit
der bäuerlichen Güter durch die althergebrachte Sitte des
Gutansatzes erhalten zu werden pflegt. Bis zu der erst
unter preußischer Herrschaft in vielen Gemeinden erfolgten
Zusammenlegung der Grundstücke war das Grundeigenthum
sehr zersplittert. Auch die Zusammenlegung hat nicht
überall große Flächen schaffen können, da die ungleiche Bodenbeschaffenheit eine größere Vertheilung nothwendig machte.

Das Besitzthum der einzelnen ist meistens gering.
Ein Bauer, der 25 Hektar besitzt, ist schon ein großer
Bauer. Größere Güter sind vielfach im althergebrachten
Besitz adeliger Familien. Aber auch sie sind in Vergleich
mit den Rittergütern anderer Länder von geringem Umfange.
Sie sind meist mit Dörfern verbunden und die Grund=
stücke lagen bis zur Zusammenlegung in der Dorfflur
zerstreut. Gleiches gilt von den vorhandenen Domänen.

Der hessische Bauernstand hat sich bedeutend gehoben,
seitdem durch die Verfassung die Ablösbarkeit der Grund=
lasten angeordnet und durch das Ablösungsgesetz von 1832
zur Ausführung gekommen war. Dieser Ablösung folgte
im Jahre 1848 auch die Ablösung der Lehnsverbände.
Gleichwohl war die Landwirthschaft wohl nicht in gleichem
Maße, wie anderwärts, fortgeschritten. Der Grund dafür
lag theils in den Schwierigkeiten, welche Bodenbeschaffenheit
und Klima in Hessen dem Feldbau bereiten, theils in der
Zähigkeit, mit der der Bauer am Hergebrachten festhält.
In den letzten Jahren der Regierung des Kurfürsten
verlangten die Großgrundbesitzer dringend nach einem Ver=

koppelungsgesetz und fanden dabei auch die lebhafte Unter=
stützung der Stände.

Kein Glück für die ländliche Bevölkerung sind die
zahlreichen im Lande wohnenden Juden. Sie umfassen
ungefähr 2½ Prozent der Einwohner. Sie haben ihren
Sitz vorzugsweise in kleineren Landstädten und in den
vormals ritterschaftlichen Dörfern. Wo sie ihre Thätigkeit
entwickelt haben, haben sie fast den ganzen kleinen Verkehr
des Landmannes, namentlich den Viehhandel, in den
Händen. Dabei fehlt es nicht an wucherischer Aus=
beutung. *)

Um so größer war die Wohlthat, die dem Lande und
vor allem dem Bauernstande durch die im Jahre 1832
geschaffene Landeskreditkasse zu Theil wurde. In erster
Linie dazu bestimmt, die zur Ablösung der Reallasten
erforderlichen Summen vorzuschießen, gab sie zugleich
gegen hypothekarische Sicherheit Darlehen bis zu sehr
kleinen Beträgen für mäßige Zinsen und mit einem
jährlichen Kapitalabtrag von 1 bis 1½ Prozent. Die
Mittel dazu wurden durch Ausgabe von Schuldver=
schreibungen auf den Inhaber, für die zugleich der Staat
(jetzt der Kommunalverband) haftet, aufgebracht. Die
Anstalt hat bis auf den heutigen Tag ihre segensreiche
Wirksamkeit geübt.

Wie in den meisten deutschen Ländern, bestand auch
in Kurhessen ein streng durchgeführtes Heimathsrecht. Es
war dieses durch die Gemeindeordnung näher geregelt.
Es konnte jeder polizeilich in seinen Heimathsort zurück=
gewiesen werden. Natürlich wurde davon nur im Falle

---

*) Daraus erklären sich auch die neueren antisemitischen Wahlen
in Hessen.

der Verarmung Gebrauch gemacht. Vagabunden, die einem anderen deutschen Staate angehörten, wurden in diesen abgeschoben. Ließ sich ein solcher Staat nicht ausfindig machen, so wurde ihnen in Hessen ein Heimathsort angewiesen, in dem sie ihren Wohnsitz nehmen mußten. Dadurch blieb die Landbevölkerung auch von der Zigeunerplage befreit. Daß heute ganze Zigeunerhorden sich im Lande herumtreiben und Schaden stiften dürfen, ist eine der merkwürdigsten Inkonsequenzen der sonst so strengen preußischen Zucht.

Handel und Industrie, die während der zwanziger Jahre sehr darnieder gelegen, hatten sich, seitdem Kurhessen (1832) dem Zollverein beigetreten war, mehr und mehr gehoben. Gleichwohl steht Kurhessen auch auf diesem Gebiete nicht voran. Es besitzt keine bedeutenden Hülfsmittel; es hat keinen großen Strom und keine reichen Bodenschätze. Steinkohlen finden sich nur in der Grafschaft Schaumburg. Das übrige Land hat nur Braunkohlen. Der Bau der Eisenbahnen fand durch den gebirgigen Boden mehr als anderwärts Schwierigkeiten. Anfangs vertrat Staatsrath Scheffer, der damals die Regierung beherrschte, die Ansicht, daß Kurhessen als ackerbauendes Land der Eisenbahnen nicht bedürfe. Indessen lenkte der Kurfürst noch zeitig ein. Nach einer Verhandlung mit dem Frankfurter Banquier Bernus wurde durch eine landesherrliche Verkündigung vom 2. Oktober 1844 dem Lande zu seiner freudigen Ueberraschung kundgethan, daß der Kurfürst den Bau von Eisenbahnen beschlossen habe. Noch im Laufe der vierziger Jahre wurden die Bahnen Hanau-Frankfurt und Warburg-Kassel-Eisenach als Aktienbahnen, die Bahn Kassel-Frankfurt gemeinsam mit den anderen betheiligten Staaten als Staatsbahn

gebaut. Den Bau der Bahn Fulda=Frankfurt hielt man
damals wegen der Bodenschwierigkeit an der Wasserscheide
für unausführbar. Erst in den letzten Jahren der Regierung
des Kurfürsten wurde auch diese Bahn von Bebra aus
staatsseitig in Bau genommen und so weit fertig gestellt,
daß sie theilweise schon im Jahre 1866 eröffnet werden
konnte.

Für das geringe Maß der Industrieentwickelung in
Kurhessen hat man gleichfalls die Regierung des Kurfürsten
verantwortlich machen wollen. In der That war der
Kurfürst mancher der modernen Industriemittel abgeneigt.
Das Entstehen von Aktiengesellschaften suchte er möglichst
zu hindern. Er war überhaupt gegen das Fabrikwesen
eingenommen, weil er glaubte, daß es die Revolution
großziehe. Als jemand im Scherze zu ihm sagte: man
hoffe, er werde, um das Bauen zu erleichtern, bald Gewerbe=
freiheit verleihen, antwortete er: „Gewerbefreiheit? Gräß=
licher Gedanke!“ Indessen wurden doch auch während
seiner Regierung eine Menge Geschäfte gegründet, die
durch die Tüchtigkeit ihrer Unternehmer in die Höhe
kamen. Namentlich war schon damals Hanau eine Stadt
voll blühender Gewerbe. Wenn in den übrigen Landes=
theilen die Industrie weniger aufkam, so dürfte dabei auch
die minder industrielle Neigung der Bevölkerung mit in
Rechnung kommen. So wie aber dem Lande die Vortheile
einer hochentwickelten Industrie mangelten, so hatte es
auch nicht unter Nachtheilen einer solchen zu leiden. Man
kannte keine „Arbeiterkoalitionen“ und brauchte deshalb
auch kein Gesetz dagegen. Auch die Spekulation war in
Kurhessen nur wenig zu Hause. Zwar hatten bei Anlage
der Friedrich=Wilhelms=Nordbahn Viele Aktien gezeichnet;
und da der Bahnbau durch Schwierigkeiten aller Art

4*

sehr kostspielig wurde, so erlitten sie namhafte Verluste. Im Allgemeinen aber wurde wenig spekulirt. Wer ein Kapital sich erspart hatte, kaufte dafür eine Obligation der Landeskreditkasse, die völlig sicher war.

Den einfachen Erwerbsverhältnissen der Bevölkerung entsprachen auch die geringen Gehalte der Staats- und Hofdiener. Es entsprach ihnen nicht minder das einfache Leben des ganzen Volks.

War das hessische Land arm, so war dagegen der Staat reich, überreich. Während alle übrigen Staaten Schulden zu haben pflegen, hatte Kurhessen ein bedeutendes Aktivvermögen.

Der kurhessische Staat besaß einen reichen Bestand von Domänen. Er besaß ferner mehr als die Hälfte des ganzen hessischen Waldes und damit über ein Fünftel von dem gesammten Boden des Landes. Daneben besaß der Staat zwei bedeutende Kapitalbestände: den bereits er- wähnten, aus den Subsidiengeldern des vorigen Jahr- hunderts hervorgegangenen Staatsschatz, der an 300 000 Thaler Zinsen ertrug, und den sogen. Laudemialfonds, gesammelte Gelder aus den dem Staate zugeflossenen Ablösungskapitalien im Betrage von etwa 6 Millionen Thaler. Diese waren in Obligationen der Landeskredit- kasse angelegt. Einen gleichen Reichthum an zinstragenden Kapitalien hatte kein anderer deutscher Staat aufzuweisen. Schulden waren nur vorhanden aus zwei für den Eisen- bahnbau aufgenommenen Anlehen von 6 und 10 Millionen Thaler, deren Zinsen und Kapitalabträge durch die er- bauten Eisenbahnen völlig gedeckt wurden.

Dieser Reichthum des Staates kam aber der Armuth des Landes zu Hülfe. An den ausgedehnten Staats- waldungen hatten die Unterthanen umfassende Rechte, und

namentlich wurde den Bewohnern der Dörfer und Land=
städte das nöthige Brennholz zu geringen, gesetzlich be=
stimmten Preisen aus dem Staatswalde geliefert. Ferner
ward ein großer Theil der Staatsausgaben aus den Ein=
künften des Staatsvermögens bestritten, und es brauchten
deshalb um so viel weniger Steuern erhoben zu werden.
In dem letzten kurhessischen Budget von 1865 waren die
Staatsausgaben zu 5 248 220 Thalern, die zu zahlenden
direkten Steuern zu 899 500 Thalern, die indirekten Steuern
(ausschließlich der aus der Zollgemeinschaft fließenden Zölle)
zu 117 005 Thalern veranschlagt. Es betrugen daher
die direkten Steuern nur etwa 17, die indirekten nur
etwas mehr als 2 Prozent der Staatsausgaben. Die
direkten Steuern waren Grundsteuer, Gewerbesteuer und
Einkommensteuer (Klassensteuer genannt). Letztere wurde
aber nur von demjenigen Einkommen erhoben, das nicht
schon der Grundsteuer und Gewerbesteuer unterlag. Es
fand also keine doppelte Besteuerung von Grund und
Boden und Gewerbe statt. Außerdem bestand noch eine
Hundesteuer, die im Jahre 1865 zu 15 030 Thalern ver=
anschlagt war. Was die indirekten Steuern betrifft, so
waren dem Lande manche Abgaben erspart, die da, wo sie
eingeführt werden, die Menschen noch mehr durch die damit
verbundene Belästigung, als durch das Geldopfer unangenehm
berühren. Man kannte keinen Stempel auf Privatrechts=
geschäfte. Man kannte auch keine Erbschaftssteuer. Daß
die Prozeßkosten gering waren, ist bereits oben erwähnt.
Man ging davon aus, daß die Justizgewährung die erste
Pflicht des Staates sei, daß er diese Pflicht im allgemeinen
Interesse erfülle und daß deshalb die Justiz nicht die
Aufgabe habe, dem Staate Geld einzubringen. Auch die
notariellen Geschäfte (welche nicht von besonderen Notaren,

sondern von den Aktuaren der Amtsgerichte besorgt wurden)
waren überaus billig. Man erhielt z. B. die Beglaubigung
einer Namensunterschrift oder der Echtheit einer Abschrift
durchweg (ohne Rücksicht auf den Werthgegenstand) für
5 Silbergroschen. Das war für die Sicherheit des Ver=
kehrs eine große Wohlthat.

So lebte das hessische Volk ein einfaches, aber auch
wenig mit Lasten beschwertes Dasein. —

In der bisherigen Darstellung wird man vielleicht
vermißt haben, daß wir nicht nächst der Persönlichkeit des
Regenten vor allem die hessische Landesvertretung, ihren
Charakter und ihren Einfluß auf die Geschicke des Landes
besprochen haben. In der That hat diese aber positiv
nur einen geringen Einfluß geübt, und zwar aus dem
Grunde, weil sie für den größten Theil der Regierungszeit
des Kurfürsten sich damit genügen lassen mußte, den
reaktionären Bestrebungen der Regierung gegenüber, die
Rechte und Interessen des Landes zu vertheidigen. Sie
glich einem geschlagenen Heere, das Noth hatte, nur seinen
Rücken zu decken. Etwas Positives zu schaffen war sie
schon deshalb außer Stande, weil ihr die Initiative für
die Gesetzgebung fehlte. Auch würde jeder Versuch dieser
Art voraussichtlich ohne Erfolg gewesen sein.

Die Verfassung von 1831 hatte für die Zusammen=
setzung des Landtages die geschichtlichen Grundlagen bei=
behalten. Die von Alters her berechtigten „Stände"
waren Adel und Städte. Diesen hatte man (schon bei
Berufung der Stände im Jahre 1815) Vertreter des
Bauernstandes hinzutreten lassen. Der Landtag bestand
hiernach aus den Häuptern der apanagirten Linien und
den Standesherrschaften, und sodann aus Vertretern der
Ritterschaft, der Städte und der Landgemeinden. Es ist

natürlich, daß sich in der Vertretung eines kleinen Landes auch viele unbedeutende Kräfte zusammenfinden. Gleich= wohl hat es unter den hessischen Ständen niemals ganz an tüchtigen Kräften gefehlt, die ihre Stellung auszufüllen wußten. Lange Reden wurden freilich nicht gehalten. Die Redekunst hatte noch nicht zu ihrer heutigen Blüthe sich entfaltet. Aber es wurde verständig zur Sache ge= sprochen. Während der Jahre 1831 bis 1834 sowie in den Jahren 1848 und 1849 haben die Stände an der damals ergiebigen Gesetzgebung getreulich mitgearbeitet, und man wird ihrer Thätigkeit keinen Vorwurf machen können. Während der dürren Periode von 1835 bis 1847 konnten die Stände kaum irgend eine nützliche Arbeit üben. Im Jahre 1848 wurde auch das Wahlsystem der Verfassung von 1831 von liberaler Seite angefochten, und es kam zu einem neuen Wahlgesetz vom 5. April 1849. In diesem waren an die Stelle der Prinzen, Standesherrn und Ritter 16 Abgeordnete der höchstbesteuerten Grund= besitzer und Gewerbetreibenden gesetzt. Aber auch in der nach diesem Wahlgesetze berufenen Versammlung bildete die konstitutionelle Partei die Mehrheit. Erst als Hassen= pflug als Minister erschienen war, die bisherige Ver= sammlung aufgelöst hatte und nun eine neue Versammlung berief, brachte die gewaltige in das Land geworfene Auf= regung eine demokratische Mehrheit herbei. Gleichwohl wurde der von Hassenpflug provozirte Beschluß, der als „Steuerverweigerung" ihm die Handhabe zu seiner Re= volution bieten sollte, nicht blos von der demokratischen, sondern auch von der großen Mehrzahl der konstitutionellen Partei gefaßt. Er war ohne Zweifel nicht allein formell vollkommen berechtigt, sondern auch materiell ohne Gefährde für das Land. Nur die direkten Steuern sollten unerhoben

bleiben, die indirekten dagegen erhoben, aber nicht ver=
ausgabt werden. Dadurch war jedem Verluft des Staates
an Steuern vorgebeugt. Die Erfahrung hat auch gezeigt,
daß das Land mehrere Monate hindurch ohne einlaufende
Steuern sehr wohl bestehen konnte, wenn auch der Kurfürft
selbst während dieser Zeit sich veranlaßt sah, für seine
Zwecke ein Kapital von 320 000 Thalern zu borgen, das
ihm die preußische Seehandlung bereitwillig vorstreckte.
Hätten die Stände nicht jenen Beschluß gefaßt, so würde
Haffenpflug ohne Zweifel sie zu einem anderen Beschlusse
provozirt haben, an den er seine Pläne knüpfen konnte.

Die neue oktrohirte Verfassung von 1852 brachte das
Zweikammersystem, und mit ihm eine Landesvertretung
der kläglichsten Art. Während in der erften Kammer die
Ritter die entscheidende Rolle spielten, war die zweite
Kammer aus Leuten zusammengesetzt, die fast durchweg in
einem Abhängigkeitsverhältniß zur Regierung standen.
Dennoch wußten Haffenpflug und seine Nachfolger selbst mit
diesen Ständen nicht fertig zu werden. Sie versäumten
das Eisen zu schmieden, so lange es warm war, und in=
zwischen kam die „neue Aera" mit ihrer veränderten
Strömung, die selbst bis in die hessischen Ständekammern
hineinreichte. Das ganze Verdienst dieser Stände bestand
darin, daß sie wenigstens einigen Widerstand gegen die
plumpen Reaktionsbestrebungen jener Zeit geleistet hatten.

Bei den Kämpfen um Wiederherstellung der Verfassung
von 1831 war selbst unter den Anhängern dieser Ver=
fassung die Stimmung getheilt, ob man dabei auch das
Wahlgesetz von 1849 wieder herstellen oder nicht lieber
auf das von 1831 zurückgehen solle. Es gelang dem
Einflusse Friedrich Oetker's, der bei diesen ganzen
Kämpfen einen streng formalen Rechtsstandpunkt vertrat,

die Wiederherstellung auch auf das Wahlgesetz von 1849 auszudehnen. Indessen verstand sich doch die nach diesem Wahlgesetz berufene Ständeversammlung dazu, den Häuptern der apanagirten Linien, den Standesherren und der Ritterschaft wieder die frühere Stellung in der Landesvertretung einzuräumen.

Da den bei Wiederherstellung der Verfassung berufenen Ministern guter Wille nicht fehlte, kam nun auch mit diesem letzten hessischen Landtage eine Reihe nützlicher Gesetze zu Stande. Bald aber erwachte wieder der alte Eigensinn des Kurfürsten. Die Minister konnten nichts mehr von ihm erlangen. Darüber kam es dann auch zu schlimmen Reibungen mit den Ständen. So gestaltete sich auch dieser letzte Zeitraum kurfürstlicher Herrschaft höchst unerquicklich. Noch in letzter Stunde thaten die hessischen Stände ihre Pflicht, indem sie durch den denkwürdigen Beschluß vom 15. Juni 1866 den Kurfürst auf das einzige Vernünftige, was er in seiner Lage thun konnte, hinwiesen. Daß er auch in diesem Falle die Stimme des Landes mißachtete, hat ihm selbst die Herrschaft und dem Lande die Selbständigkeit gekostet. —

Stellen wir zum Schluß noch im Allgemeinen die Frage: Wie befand sich das Land unter der Regierung des letzten Kurfürsten? Wir müssen dabei natürlich absehen von der traurigen Periode der österreichisch-bayerischen Invasion und den nächstfolgenden Jahren, in denen die Nachwehen dieses über das Land gebrachten Schicksals noch lebhaft empfunden wurden und unter anderen in einer ständigen Abnahme der Bevölkerung zu Tage traten. Suchen wir die Frage nach der Zeit zu beantworten, während welcher die Verfassung von 1831 in Wirksamkeit bestand, so können wir nur folgendes darüber sagen.

Was der Regierung näher stand, konnte sich dem Ge=
fühl eines tiefen patriotischen Schmerzes nicht entschlagen.
Nichts fehlte dem Lande, was es befähigt hätte, ein glück=
liches Dasein zu führen und auf der Bahn gesunder Ent=
wickelung fortzuschreiten. Es besaß eine tüchtige, besonnene
Bevölkerung; es besaß auch geistige Kräfte genug, die
Gutes hätten schaffen können. Seine finanziellen Ver=
hältnisse waren vorzügliche. Fast jeder Fortschritt aber
wurde gehindert durch die Person des einen Mannes, der
alles nur nach seiner Subjektivität bemaß. Wer dies
stets vor Augen hatte, mußte mit tiefem Mißmuth erfüllt
werden. In der Masse der Bevölkerung machte sich dies
aber weit weniger fühlbar; wie denn überhaupt in den
Völkern die Thatsache, mit wie wenig Weisheit die Welt
regiert wird, nicht zum vollen Bewußtsein kommt. Im
Allgemeinen war Kurhessen nicht in der Entwickelung
zurückgeblieben. Die im vorigen Jahrhundert gelegten
guten Grundlagen und die, wenn auch nur kurzen, neuen
Perioden guter Gesetzgebung haben das Land bedeutend
gefördert. Blieben auch manche berechtigten Wünsche auf
diesem Gebiete unerfüllt, so blieb andererseits das Land
doch auch vor unreifen Versuchen übereifriger Gesetzgebungs=
kunst bewahrt.

Am schwersten machten sich die Eigenthümlichkeiten
des Kurfürsten auf dem Gebiet der Verwaltung fühlbar.
Nicht allein, daß hier zu wenig für das Land geschah,
sondern es wurden auch von dem Uebelwollen des Kur=
fürsten mitunter einzelne schwer betroffen. Und niemand,
der mit ihm irgend in Berührung kam, war sicher, daß
nicht auch ihm dergleichen begegne. Indessen hatte doch
auch auf diesem Gebiet der persönliche Einfluß des Kur=
fürsten seine Grenzen. Seine Eigenthümlichkeiten hatten

es schließlich dahin gebracht, daß gewissermaßen das ganze Land, seine nächsten Umgebungen nicht ausgeschlossen, gegen ihn Front machte. Jedermann hütete sich, ihm irgend Stoff zum Mißfallen zu geben. Dadurch wurde seine Neigung zum Uebelwollen lahm gelegt. Andererseits war es aber für die große Masse der Bevölkerung eine Wohlthat, daß sie von den oben bezeichneten Auswüchsen des Staatslebens, die der Kurfürst nicht aufkommen ließ, verschont blieb. Man hatte überdies nur geringe Steuern zu bezahlen. Man hatte im Ganzen genommen gute Gesetze und tüchtige Beamte, vor allem eine gute und wohlfeile Justiz. Es ist daher ganz unrichtig, wenn man die Verhältnisse Kurhessens so darstellt, als ob das ganze Volk unter einem schweren Druck geseufzt hätte. So war die Sache nicht, und in gewisser Beziehung — in der Sicherheit des Rechtsschutzes — war das hessische Volk vielleicht das bevorzugteste in ganz Deutschland.

Die Wendung.

Der Gegensatz zwischen Oesterreich und Preußen, der im Jahre 1850 in Kurhessen seine Spitze getrieben hatte, war durch die Wiederherstellung des Bundes und die „Bekehrung Preußens von der Revolution" nicht aus= geglichen. Oesterreich konnte Preußen nicht verzeihen, daß es an die Spitze Deutschlands hatte treten wollen. Der bittere Kampf zwischen beiden wurde freilich zunächst nur in den friedlichen Räumen des Bundestags geführt. Dort fand Oesterreich in dem preußischen Gesandten Herrn von Bismarck seinen Gegner und seinen Meister. In den jetzt offen vorliegenden Verhandlungen sehen wir beide Mächte, zwei geschickten Schachspielern gleich, Zug um Zug gegeneinander thun. Es konnte schon damals kaum zweifelhaft sein, daß früher oder später nur ein Krieg dieses Spiel lösen könne. In scheinbarer Einmüthigkeit, in der That aber nur von Eifersucht getrieben, war Oesterreich gemeinsam mit Preußen nach Schleswig=Holstein gegangen, beide hatten diese Länder der dänischen Gewalt= herrschaft entrissen. In der Gesammtbeherrschung derselben lebte der alte Zwist wieder auf. Der Vertrag von Gastein vertagte den Bruch nur auf kurze Zeit. Im Frühjahr 1866 steigerten sich die Schwierigkeiten der Auseinander= setzung. Beide Mächte begannen zu rüsten. In einer

Depesche vom 16. März erklärte Oesterreich, „zur Wahrung
des Bundesfriedens" die Frage an den Bund bringen
zu wollen und forderte eventuell die deutschen Regierungen
zur Kriegsbereitschaft auf. In einer Depesche vom
24. März erklärte dagegen Preußen die bestehenden
Bundeseinrichtungen für ungenügend und stellte die Frage
an die deutschen Regierungen, ob es in einem Kriege mit
Oesterreich auf ihre Unterstützung rechnen könne. Am
9. April stellte Preußen beim Bunde den Antrag auf
Berufung eines Parlamentes mittels direkter Wahlen und
allgemeinen Stimmrechts. Das war in dem Spiele gegen
Oesterreich ein „Schach dem Könige". Oesterreich seiner=
seits berief, um Preußen Verlegenheit zu bereiten, die
Holsteinsche Ständeversammlung. Preußen erklärte da=
durch den Vertrag von Gastein für gebrochen und rückte
mit überwiegender Macht in Holstein ein. Die öster=
reichische Brigade zog sich zurück. Nun stellte Oesterreich
Mitte Juni beim Bunde den Antrag, das 1., 2., 3., 7.,
8., 9. und 10. Bundesarmeekorps (d. h. sämmtliche
Korps mit Ausnahme der preußischen) mobil zu machen.
Auf den 14. Juni war die Abstimmung angesetzt. Man
glaubte dem Antrag dadurch seine gegen Preußen ge=
richtete Spitze zu nehmen, wenn man, ebenso wie die
preußischen, auch die österreichischen Korps daraus wegließ.
Demgemäß ward durch Stimmenmehrheit die Mobil=
machung der Armeekorps 7, 8, 9 und 10 beschlossen.
Neun Stimmen stimmten dafür, sechs dagegen; Baden
enthielt sich der Abstimmung. Zu den beistimmenden
Staaten gehörten auch Hannover und Kurhessen. Da
erklärte der preußische Gesandte den Bund für gebrochen
und verließ die Versammlung. Der Ausbruch des Krieges
war entschieden.

Betrachten wir nun die Stellung, die der Kurfürst in dieser schweren Krisis einnahm. Man hat neuerdings wohl versucht, den Kurfürsten als einen unbeugsamen Helden hinzustellen, der nur aus Rechts= und Pflichtgefühl unverbrüchlich am Bunde festgehalten habe. Man kann natürlich niemandem in's Herz sehen. Auch ist es sehr glaublich, daß der Kurfürst zur Rechtfertigung seines Ver= haltens stets das Bundesrecht im Munde führte. Vom Standpunkt seiner Interessen hatte das einen guten Sinn. Der Bund hatte ihm bisher seine volle Souveränetät gewährt, während Preußen ihm jetzt ein Opfer daran zu= muthete. Jeder Gedanke, auch nur das kleinste Stück seiner Fürstenrechte aufzugeben, war dem Kurfürsten ein Greuel. Am Bunde festhalten hieß also an seiner Souveränetät festhalten. Andererseits war aber doch der Kurfürst, wo es sich um seine Interessen handelte, ein zu guter Rechner, als daß er nicht die Gesammtheit der Verhältnisse in Betracht gezogen hätte. Nun mußte er sich doch sagen, daß, wenn Oesterreich siege, damit alle Zusagen, die er jetzt Preußen gebe, von selbst hinfällig würden, während umgekehrt, wenn Preußen siege, für ihn noch ganz andere Dinge auf dem Spiele standen, als das jetzt ihm angemuthete geringe Opfer an Souveränetät. Wenn er nun doch die letztere Gefahr für die minder schwere erachtete, so müssen noch andere überwiegende Gründe auf ihn eingewirkt haben, die ihn auf jene Seite zogen. Jeden= falls können wir überzeugt sein, daß der Kurfürst die Frage nur nach seinen Interessen, so wie er sie verstand, entschied. Ein Rechtsidealist ist Kurfürst Friedrich Wil= helm niemals gewesen.

Der Kurfürst war, daran ist nicht zu zweifeln, nach den ganzen Traditionen seines Hauses durchaus preußisch gesinnt. Jederzeit, namentlich noch im siebenjährigen Kriege, hatten seine Vorfahren treu zu Preußen gehalten. Im Jahre 1806 hatte die Zuneigung zu der preußischen Politik seinem Großvater den Thron gekostet. Die Mutter des Kurfürsten war eine Schwester Friedrich Wilhelm's III. Für die Einrichtungen des Staates und vor allem des Militärs hatten die preußischen Einrichtungen vielfach zum Muster gedient. Es war auch gewiß aufrichtig gemeint, wenn noch im Jahre 1856 der Kurfürst Herrn von Bismarck sagte, er würde mit Freuden seine Truppen mit Preußen vereint gegen die Schweiz (zur Wiedereroberung Neuenburgs) marschiren lassen („Preußen im Bundestag", III, S. 64). Es mußten hiernach ganz besondere Umstände sein, die ihn bestimmten, von Preußen abzufallen und in's österreichische Lager überzugehen. An solchen fehlte es nun freilich, von seinem Standpunkt aus betrachtet, nicht. Preußen hatte durch die durchgesetzte Wiederherstellung der Verfassung von 1831 ihn tief gekränkt. Und wenn er dafür auch einigermaßen durch den gelungenen „Coup" sich revanchirt hatte, so hatte ihm doch bald darauf wieder die bekannte Entsendung des Feldjägers tief in's Herz geschnitten. Hatte er doch zu jener Zeit geäußert, er wolle sein Militär nicht mehr preußisch, sondern österreichisch equipiren lassen; eine in seinem Munde sehr schwere Drohung. Dazu kamen aber noch mancherlei Einflüsse anderer Art. Während es früher ganz außer Uebung war, daß der Kurfürst Gesandte in Privataudienzen empfing, und noch weniger die Fürstin von Hanau sich mit Staatsbesuchen befaßte, war es seit Frühjahr 1866 üblich geworden, daß der Gesandte Oesterreichs, Graf Paar, und der Gesandte Bayerns, Herr von Thüngen, jederzeit vom Kurfürsten

und auch von seiner Gemahlin empfangen wurden. Beide
Diplomaten zeigten sich auf's Aeußerste von der Zuversicht
durchdrungen, daß Oesterreich unbedingt Preußen überlegen
sei.   Herr von Thüngen versicherte, daß Bayern allein
100 000 Mann zum Kriege stellen werde. Hessischer
Gesandter in Wien war der weiland Hassenpflug'sche
Minister des Aeußeren, Herr Alexander von Baumbach.
Auch von ihm darf man annehmen, daß er eifrig in
österreichischem Sinne gewirkt habe.   Aengstlich in Ver=
sprechungen ist Oesterreich niemals gewesen.   Andere hohe
Herren konnte man wohl nur durch Aussicht auf Land=
zuwachs gewinnen.   Dem Kurfürsten aber ließ sich gar
Vieles versprechen.   Wiederbeseitigung der Verfassung,
Erlangung des Staatsschatzes, Legitimerklärung seiner
Kinder, das alles waren für ihn verlockende Dinge.
Dazu kamen die Verbindungen und Interessen seiner
Gemahlin.   Der älteste Sohn der Fürstin aus erster
Ehe — man sagt, daß sie diese Kinder besonders geliebt
habe — war Oberst in österreichischen Diensten.   Mit
ihm wurde eifrig korrespondirt.   Man hoffte auch bei
ausbrechendem Kriege für ihn auf Beförderung.   Vor
allem aber war es die Sorge um die böhmische Herrschaft
Horzowitz, was das Herz der Fürstin erfüllte.   Würde
diese nicht, wenn der Kurfürst von Oesterreich abfiel, im
Falle des österreichischen Sieges verloren gehen? Es ist
nicht zu bezweifeln, daß der Kurfürst diese Sorgen seiner
Gattin auch zu den seinigen machte.   Endlich wirkten auch
noch auf den Kurfürsten das Beispiel und die Mahnungen
des Königs von Hannover.   Hatte dieser doch kurz vorher
bei der Verfassungskrisis sich als guter Rathgeber bewährt.
Warum sollte man nicht auch jetzt auf ihn bauen?

Als Minister des Aeußeren hatte der Kurfürst in

dieser schweren Zeit seinen ihm so bequemen Abée zur
Seite. Dieser war nicht der Mann, um die Lage der
Dinge klar zu erkennen und das rechte Wort zu sprechen.
Abée war von geringer Herkunft und ursprünglich zum
Schreiberdienste bestimmt gewesen. Durch Vergünstigung
gelang es ihm zu studiren. Er war vom Referendar
schnell zum Sekretar und dann zum Referenten im
Justizministerium, später auch zum Kabinetsrath befördert
worden. Im Jahre 1848 ward er bei Seite geschoben
und zum Obergerichtsrath in Rinteln ernannt. Hassen=
pflug aber zog ihn wieder heran, beförderte ihn im Jahre
1851 zum Obergerichtsdirektor in Fulda und wenige Jahre
darauf zum Präsidenten des Oberappellationsgerichts, was
das Staunen des ganzen Landes hervorrief. Im Geschäfts=
leben war Abée nicht bedeutend; man konnte ihn fast
einen Träumer nennen. Sein Werth für den Kurfürsten
bestand in seiner unbedingten Ergebenheit. Diese gründete
sich auf ein ideal=mystisches Gemüthsleben und auf eine
christliche Frömmigkeit, die ihm die Intentionen des Aller=
höchsten Herrn stets als eine Schickung Gottes, der man
sich zu fügen habe, erscheinen ließ. Als die Verfassungs=
angelegenheit in Frankfurt kritisch zu werden begann,
wurde Abée als Bundestagsgesandter dorthin geschickt.
Aber er vermochte die Wendung der Dinge nicht aufzu=
halten. Nach seiner Rückkehr trat er als Justizminister
in das Ministerium, das den Kampf für die Hassen=
pflug'sche Verfassung bis zum Juni 1862 fortführte. Als
hierauf sein Schwager, Herr von Dehn=Rothfelser,
das zur Wiederherstellung der Verfassung von 1831 be=
rufene Ministerium bildete, blieb er anfangs diesem fern.
Aber kaum nach Jahresfrist gab ein Konflikt Veranlassung,
daß er auch in dieses Ministerium als Minister des

Aeußeren eintrat. In dieser Stellung traf ihn das Jahr
1866. Als Referent stand ihm Legationsrath Wehrauch
zur Seite, der zugleich als Kabinetsrath den Kurfürsten
zu berathen hatte.

Gleich nachdem die beiden Großmächte die Noten
vom 16. und 24. März entsendet hatten, hielt man
in Kassel es für gerathen, sich mit Hannover in
Beziehung zu setzen. Am 27. März traten die beider-
seitigen Minister des Auswärtigen zu einer geheimen
Konferenz zusammen. Man war sich der Schwierigkeit
der Lage sehr wohl bewußt. Man wollte zwar das
preußische Ansinnen ablehnen und am Bundesrecht festhalten, aber in möglichst wenig verletzender Form. Eine
starke Gruppe deutscher Staaten sollte sich freie Hand
zwischen den beiden Mächten wahren. Von der Anordnung militärischer Maßnahmen wollte man vorerst
absehen. Dementsprechend fiel die Antwort aus, die man
am 29. März auf die preußische Note nach Berlin sandte.
Auch weitere Verhandlungen, die Preußen im Laufe des
Mai eröffnete und bei denen es als Geringstes die Zusicherung einer unbewaffneten Neutralität forderte, blieben
ohne Erfolg. Andererseits beantwortete der Kurfürst ein
an ihn gerichtetes Handschreiben des Kaisers von Oesterreich unter'm 23. Mai dahin, daß er ihn zwar seiner
treuen Anhänglichkeit und unwandelbaren Ergebenheit
versicherte, aber doch darauf hinwies, daß bei der exponirten
Lage seines Landes und den „in dessen innerer Gesetzgebung
liegenden Hindernissen" jedes nicht durch einen Bundes-
beschluß motivirte Handeln ihm ganz besondere Schwierigkeiten bereiten würde. „Festhalten am Bunde" — so
lautete der Wahlspruch, unter dessen Schutz man seiner
Herzensneigung folgen und doch auch den schweren Gefahren

der Zeit ausweichen zu können glaubte. Inzwischen wurden
die Verhandlungen mit Hannover fortgeführt. Anfangs
Juni erschien wieder der bereits oben genannte Herr
Meding in Kassel. Seine Sendung muß den Kurfürsten
wohl sehr befriedigt haben; denn er beehrte ihn sofort
mit Verleihung eines höheren Ordens. So kam die Mitte
Juni und der Tag der Abstimmung im Bundestage
heran. Es ist sehr wohl möglich, daß Herr Abée in
seinem unbefangenen Sinn gar nicht gedacht hat, daß
diese Abstimmung, die seinem Kabinett entstammte, ver=
hängnißvoll für Kurhessen werden könne.

Das hessische Volk war natürlich preußisch gesinnt.
Besaß auch damals das Ministerium Bismarck in
liberalen Kreisen nicht viel Sympathieen, so war man
doch bei einem Kampfe zwischen Preußen und Oesterreich
nicht zweifelhaft, auf welcher Seite das Interesse Deutsch=
lands vertreten sei. Gegen Oesterreich bestand noch vom
Jahre 1850 her der tiefste Haß. Auch war der Gedanke,
daß ein kleiner Staat, dessen Gebiet völlig in der
preußischen Machtsphäre lag, in einen Gegensatz zu Preußen
sich stellen könne, so thöricht, daß man ihn dem Kurfürsten,
der sich sonst ganz gut auf sein Interesse verstand, nicht
zutraute. Lange blieben auch die Absichten der Regierung
gänzlich in Dunkel gehüllt. Noch in der zweiten Hälfte
Mai wurde der „Norddeutschen Allgemeinen Zeitung" von
Kassel geschrieben, daß man mit Zuversicht darauf rechne,
der Kurfürst werde eine strikte Neutralität wahren. Erst
später begaben sich bedenkliche Zeichen. Die am 6. Juni
amtlich gemeldete Ordensverleihung an einen unbekannten
hannoverschen Regierungsrath wußte niemand zu erklären.
Noch auffallender war es, daß am 13. Juni die aus
Holstein zurückkehrende österreichische Brigade auf höchsten

Befehl mit den größten Ehren empfangen wurde, nachdem die vorausgehenden Durchzüge preußischer Truppen ohne alle Feierlichkeit vorübergegangen waren. Man entschuldigte dies freilich damit, daß die preußischen Durchzüge nur als die gewöhnliche Beschreitung der Etappenstraße angesehen worden seien. Das größte Erstaunen aber erregte es im Lande, als die Abstimmung vom 14. Juni bekannt wurde. Am 11. Juni waren die vertagt gewesenen Stände wieder zusammengekommen. Freitag, den 15. Juni, hielten sie eine Sitzung, worin ein schleuniger Antrag des Abgeordneten von Bischoffshausen, „die Staatsregierung aufzufordern, unverzüglich zu der vom ganzen Lande gutgeheißenen bis= herigen neutralen Haltung zurückzukehren und demgemäß die Mobilisirung der Truppen nicht auszuführen", mit 35 gegen 14 Stimmen angenommen wurde. Die dagegen stimmenden waren die Ritter, die Ultramontanen und Demokraten.

Am Morgen des nämlichen Tags hatte der preußische Gesandte, General von Röder, dem Minister des Aeußeren die bekannte Sommation übergeben. Kurhessen sollte seine Truppen auf den Friedensfuß setzen und sich verbindlich machen, einer Bundesreform, namentlich der Berufung eines deutschen Parlaments, zuzustimmen. Für den Fall, daß dies geschehe, war dem Kurfürsten Schutz seines Landes und seiner Interessen zugesichert. Für den Fall der Ablehnung war Kriegserklärung in Aussicht gestellt. Antwort war bis zum Schlusse des Tages erbeten. Am Nachmittage hatte der Kurfürst eine Unterredung mit dem Gesandten, bei der Minister Abée zugegen war. Der Kurfürst zeigte keine Neigung, „von einer auf preußisches Signal nach dem Reichswahlgesetz von 1849 zu berufenden Volksvertretung sich mediatisiren zu lassen". Er bestritt auch, daß seine Abstimmung beim

Bundestag eine feindliche Maßnahme gegen Preußen sei.
Nach Inhalt der (später noch näher zu erwähnenden)
Denkschrift des Kurfürsten von 1868 soll dann der
preußische Gesandte für den Fall der Ablehnung der
Sommation die Einsetzung eines Regierungsnachfolgers,
dagegen für den Fall einer gleichzeitig angebotenen Alliance
mit Preußen dem Kurfürsten die Erwerbung hessen-
darmstädtischen Gebietes in Aussicht gestellt haben. Der
Kurfürst blieb bei seiner Weigerung.

Mit der persönlich vom Kurfürsten ausgesprochenen
Ablehnung galt jedoch die Sache nicht für erledigt. Es
mußte noch ein förmlicher Staatsakt erfolgen. Während
bisher der Kurfürst die bezüglichen Angelegenheiten mit
seinem Minister Abée allein abgemacht hatte, wurde nun
auf den Abend des 15. Juni ein Ministerrath berufen,
der in dem Palais am Friedrichsplatze gehalten wurde.
Gegen 8 Uhr kam der Kurfürst von Wilhelmshöhe gefahren. Er fand sämmtliche Minister anwesend. Zu
einer eigentlichen „Sitzung" kam es jedoch nicht. Heftig
aufgeregt ging der Kurfürst im Zimmer auf und ab,
während die Minister ihn umstanden. Die Szene dauerte
wohl anderthalb Stunden. Der Minister des Aeußern,
dem zunächst das Wort gebührte, war sehr kleinlaut.
Der Kriegsminister sprach über die militärische Lage und
gab seine Zuversicht auf den Sieg Oesterreichs kund.
Nur der Minister des Innern und der Finanzminister
erlaubten sich, wenn auch in bescheidener Weise, auf das
Verhängnißvolle der Lage hinzuweisen. Woher sollte
denn nach Ablehnung der Sommation die Macht kommen,
die den Kurfürsten und sein Land schützen könne! Die von
Preußen gestellten Bedingungen waren in der That so
schwer nicht. Kurhessen hatte noch nicht im Mindesten

gerüstet, und die Bedingung der Abrüstung war also schon erfüllt, wenn man nur nicht an rüstete. Was aber das Schreckbild des „deutschen Parlaments" betraf, so konnte es ja keinem Zweifel unterliegen, daß, wenn Oesterreich siegte, es zu einem solchen doch nicht kommen werde. Der Kurfürst schwankte. Da verließ er plötzlich, wie von einer inneren Eingebung getrieben, das Zimmer; niemand wußte, wohin er ging. In Wahrheit begab er sich in die Zimmer der Fürstin, wo er, wie man sagt, wiederum den österreichischen und den bayerischen Gesandten traf. Etwa nach einer Viertelstunde kehrte er höchst erregt in den Kreis seiner Minister zurück und brach in die Worte aus: „Ich kann doch nicht! nein, es geht nicht!" Nach kurzer Wechselrede war die Sitzung zu Ende. Die Minister entfernten sich in tiefer Bewegung.

Während diese Vorgänge im Palais sich abspielten, wogten an dem lauen Sommerabend Tausende von Menschen vor dem Palais auf dem Friedrichsplatz und der angrenzenden Königsstraße. Jedermann fühlte, daß in dieser Stunde das Schicksal Kurhessens sich entscheide. Gleichwohl dachte niemand an eine öffentliche Kundgebung. Da zogen plötzlich gegen 9 Uhr Truppen auf, die das Palais ringsum absperrten. Gegen 11 Uhr sah man den Kurfürst nach Wilhelmshöhe zurückfahren. „Wie ist entschieden?" fragte jeder. „Er hat nicht nachgegeben", war die Antwort. Schweigend ging die Menge auseinander.

Um die Mitternachtsstunde konnte Minister Abée dem preußischen Gesandten nur mittheilen, daß er eine den Gegenstand erledigende Antwort zu erstatten außer Stande sei. Unmittelbar darauf erhielt er von dem Gesandten die Kriegserklärung. So endete dieser verhängnißvolle Tag.

Sonnabend, am 16. Juni, hörte man schon in aller Frühe, daß das Militär von Kassel abziehe. Ein in den ersten Morgenstunden in den Straßen angeschlagenes Extrablatt der offiziösen „Kasseler Zeitung" gab Kunde von dem gestern gestellten Ultimatum und dessen Ablehnung, sowie von einer gleichen in Hannover getroffenen Entschließung. Zugleich enthielt dieses Blatt die überraschende Mittheilung, daß Prinz Friedrich Wilhelm — der muthmaßliche, Thronfolger — angekommen sei, daß dieser schon früh um ½ 6 Uhr mit dem kurfürstlichen Minister des Aeußeren sich in Beziehung gesetzt und mit ihm sich nach Wilhelmshöhe begeben habe, um dem Kurfürsten sein volles Einverständniß mit den Maßnahmen der kurfürst= lichen Regierung auszusprechen. In der That war dieser hohe Herr, der Schwiegersohn des Prinzen Karl von Preußen, zwei Tage zuvor nach Berlin gereist, hatte dort mit seinem hohen Verwandten sich benommen und war dann, die Nacht durchreisend, nach Kassel gekommen, um in besagter Weise sein Einverständniß zu erklären. Er soll dies in so sympathischer Weise gethan haben, daß der Kurfürst in der Freude seines Herzens ihn sofort zum „Oberbefehlshaber der ausrückenden Truppen" ernannte. Von der weiteren Thätigkeit des Prinzen an diesem Tage erfuhr man nur soviel, daß er schon am frühen Morgen bemüht gewesen sei, daß der Hausschatz und der Staats= schatz, um sie vor den Preußen zu retten, nach seinem Schlosse Rumpenheim am Main gebracht werde. Diese Bestrebung fand aber weder bei dem Kurfürsten Billigung, noch bei den zum Schutze jener Vermögensbestände berufenen Organen Unterstützung. Außerdem soll es den Kurfürsten nicht angenehm berührt haben, daß der neue Oberbefehls= haber sofort acht Pferde aus dem kurfürstlichen Marstall

und einen Adjutanten als Faktotum für seine Dienst=
führung verlangte. Noch am Abend des nämlichen Tages
wurde der Prinz von seiner Stelle wieder entbunden.
Als der Kurfürst dies dem Kriegsminister mittheilte,
sprach dieser im Namen der Armee seinen Dank dafür
aus. So verlief dieser seltsame Zwischenfall, der noch
immer nicht genügend aufgeklärt ist.

Im Laufe des 16. Juni und an dem folgenden Tage
rückten die gesammten Truppen von Kassel auf der Straße
nach Fulda ab. Auch die Fürstin von Hanau verließ
Kassel in dieser Richtung, wobei alles, was an Werth=
gegenständen irgend im Schlosse vorhanden war, schnell
eingepackt und mitgenommen wurde. Der Kurfürst da=
gegen blieb auf Wilhelmshöhe. Dumpfe Erwartung
lagerte auf der stillen Residenzstadt. Man vernahm, daß
überall die preußischen Heersäulen sich in Bewegung setzten.
Eine solche rückte auch von Wetzlar nach Marburg und
weiter nach Norden vor. Dienstag, den 19. Juni, Nach=
mittags zog eine Schwadron Husaren und das 39. Re=
giment in Kassel ein.

An der Spitze der preußischen Truppen stand General=
major von Beyer. Schon bei Ueberschreitung der hes=
sischen Grenze am 16. Juni hatte er eine Proklamation
an die „Hessischen Brüder" gerichtet, worin er aussprach,
daß die Preußen nicht als Feinde und Eroberer in das
Land kämen, sondern um den Hessen die deutsche Bruder=
hand zu reichen. Bei seinem Einrücken fand sich auch der
Geheime Regierungsrath Max Duncker in Kassel ein. Am
21. Juni erließ General von Beyer eine neue Pro=
klamation „an das kurhessische Volk". In dieser wurde
kundgegeben, daß die Autorität des Kurfürsten suspendirt,
die Minister desselben ihrer Funktionen enthoben seien,

und daß General von Beyer einstweilen im Namen
des Königs von Preußen die Regierung führen werde.
„Das Staatsvermögen, wie das der Privaten, wird ge=
wissenhaft geachtet werden. Ich ertheile die bestimmte
Zusicherung, daß die Verfassung und die rechtmäßigen
Landesgesetze des Kurstaates beachtet und aufrecht erhalten
werden sollen, soweit der Kriegszustand irgend zuläßt und
durch die auch von der Landesvertretung Kurhessens be=
ständig erstrebte bundesstaatliche Einigung Deutschlands
nicht Aenderungen erfahren sollte." Am Schlusse wurde
auf die in den schwersten Prüfungen bewährte Biederkeit
und Loyalität der hessischen Bevölkerung Bezug genommen
und die Erwartung ausgesprochen, daß dieselbe diese
Eigenschaften auch jetzt bewähren werde. „Ich werde die
zu baldiger Beseitigung der noch bestehenden provisorischen
Gesetze und verfassungswidrigen Verordnungen, sowie alle
zu voller Herstellung des verfassungsmäßigen Rechts=
zustandes erforderlichen Einleitungen treffen. Ich werde
es mir angelegen sein lassen, für die Ausfüllung
empfindlicher Lücken in der Gesetzgebung, welche den wirth=
schaftlichen Fortschritt des Landes nur zu lange zurück=
gehalten haben, Sorge zu tragen und die der Pflege der
Volksbildung und der Wissenschaft bestimmten Anstalten
nach Kräften zu fördern bemüht sein. Bei gegenseitigem
Vertrauen wird es unserem vereinten Streben, ich zweifle
nicht daran, gelingen, bessere Zustände und hellere Tage
für das kurhessische Land herbeizuführen. Ich zähle auf
Euch, wie Ihr mir vertrauen dürft!" So lauteten die
vielversprechenden Worte dieser Verkündigung. Eine von
gleichen herzlichen Versicherungen erfüllte Ansprache hatte
General von Beyer bereits Tags zuvor an den bleibenden
Ständeausschuß gerichtet, in dessen Sitzung er nebst zwei

Adjutanten erschienen war. An der Stelle der bisherigen Minister des Innern, der Justiz und der Finanzen wurden deren erste Referenten *) mit Fortführung der laufenden Geschäfte beauftragt.

Der Kurfürst saß einstweilen noch ruhig in seinem Schlosse auf Wilhelmshöhe. Wäre die Sache nicht so ernst gewesen, so hätte man ihn mit dem von Fritz Reuter geschilderten Manne vergleichen können, „der keinen Prozeß haben wollte". Am Abend des 19. Juni hatte der Präsident der Ständeversammlung und Oberbürgermeister von Kassel Nebelthau noch eine Unterredung mit ihm, wobei er ihn zur Nachgiebigkeit zu bewegen suchte; jedoch vergeblich. Bereits am 20. Juni legten die Preußen eine Wache nach Wilhelmshöhe. Am 21. wurde das kurfürstliche Schloß ringsum abgeschlossen und jeder Zutritt zum Kurfürsten von einer Erlaubniß abhängig gemacht. Der österreichische Gesandte, Graf Paar, der eine Unterredung mit ihm pflegen wollte, wurde zurückgewiesen. Nun erkannte auch der Kurfürst es als einen Fehler, an Ort und Stelle geblieben zu sein. Er ließ am 21. Juni den General von Beyer um einen Geleitbrief zur Abreise bitten, erhielt jedoch einen abschlägigen Bescheid. Freitag, am 22. Juni, erschien General von Röder, der am 16. Juni Kassel verlassen hatte, wiederum daselbst und begab sich sofort nach Wilhelmshöhe zum Kurfürsten. Er war vom König beauftragt, nochmals ein gütliches Abkommen mit diesem zu versuchen. Er bot ihm ein Bündniß mit Preußen an auf Grundlage der preußischen Vorschläge zur Bildung eines neuen Bundes, unter der weiteren Bedingung, daß Seine Königliche Hoheit ein die

---

*) Geheimer Regierungsrath Mittler, Obergerichtsrath Etienne, Oberfinanzrath Lebberhose.

Beobachtung der Verfassung von 1831 verbürgendes
Ministerium einsetze. Für den Fall der Annahme wurde
ihm die Garantie seines Besitzstandes und seiner Sou=
veränetätsrechte zugesagt. (So meldete der „Staatsanzeiger"
vom 24. Juni.) Der Kurfürst beharrte auf seiner Weigerung.
An demselben Tage war auch der hessische Gesandte in
Berlin, Herr von Schachten, nach Kassel gekommen.
Er hatte am Morgen des 23. eine Audienz beim Kur=
fürsten. Er stellte ihm nach seiner Kenntniß die Verhält=
nisse in Berlin, das Mißliche der Lage vor. Jetzt endlich
entschloß sich der Kurfürst, nachgeben zu wollen, und er
beauftragte Herrn von Schachten, dies dem General
von Röder zu melden. (Ob er dabei noch hat „ver=
handeln lassen" wollen und — wie eine Version lautet —
gesagt hat, „auf einzelne kleine Punkte würde es ja wohl
nicht ankommen", ist für die Sache ohne Belang.) Als
Herr von Schachten sich seines Auftrags bei General
von Röder entledigte, erklärte dieser: es sei zu spät;
er habe bereits telegraphisch die Weisung empfangen, den
Kurfürsten als kriegsgefangen abzuführen. Am Nachmittag
desselben Tages erbat der Kurfürst noch den Ober=
appellationsrath Martin nach Wilhelmshöhe, um eine
Ansprache an sein Volk aufzusetzen, die demnächst auch
veröffentlicht wurde. Darin wurden die Beamten und
Diener ermächtigt, unbeschadet ihrer Unterthanentreue, ihre
bisherigen Funktionen fortzusetzen. Martin selbst hat
später öffentlich bezeugt, daß auch er den Kurfürsten auf
Befragen darin bestärkt habe, daß „es dem Recht und
der Bundestreue widersprechend gewesen sein würde, auf
die preußischen Forderungen einzugehen". Am Abend des
23. ward der Kurfürst, von zwei preußischen Offizieren
geleitet, nach Stettin abgeführt. Die Nachricht hiervon

begleitete die „Hessische Morgenzeitung" mit den Schluß=
worten: „Der Augenblick ist zu ernst und wir sind zu bewegt,
als daß · wir uns in weiteren Betrachtungen ergehen
möchten. Nur dem einen Wunsche und der Hoffnung
wollen wir noch Raum geben, daß die letzten Begebnisse,
welche zu verhüten wir ohne Unterlaß nach · Kräften
bestrebt gewesen sind, nicht dahin führen mögen, daß der
Kurstaat seine eigenthümliche Selbständigkeit verliere,
sondern, daß er nach wie vor berufen sei, ein wohl=
geordnetes Glied im künftigen deutschen Bundesstaat, im
freien mächtigen deutschen Reiche zu bilden! Das gebe
Gott!" Heute belächeln wir vielleicht diese Worte. Damals
aber mochten sie nicht so thöricht erscheinen. Wenige Tage
nachher erklärte noch die „Norddeutsche Allgemeine Zeitung",
es „sei eine von den Gegnern Preußens verbreitete Er=
dichtung, daß Preußen Hannover und Kurhessen zu
annektiren beabsichtige".

Bald jedoch nahm die Sache eine andere Wendung.
General von Beyer und Geheimrath Duncker ver=
schwanden vom Schauplatze. Am 28. Juni machten der
preußische General von Werder und der preußische
Regierungspräsident von Möller als „Administratoren
des Kurfürstenthums Hessen" in dem hessischen Gesetzblatte
bekannt, daß sie im Auftrage Seiner Majestät des Königs
die Verwaltung des Kurfürstenthums leiten werden. „In=
dem wir unsere Funktionen antreten, ertheilen wir dem kur=
hessischen Volke die Zusicherung, daß die Landesverfassung
beobachtet und aufrecht erhalten und daß nach den recht=
mäßigen Landesgesetzen verwaltet werden soll, soweit nicht
der Kriegszustand Ausnahmen nothwendig macht." Dabei
wurden die früheren Anordnungen bestätigt.

Die neue Verwaltung war nun sofort bemüht, in

kleinen Angelegenheiten, durch die die Regierung des Kur=
fürsten Anstoß gegeben hatte, Abhülfe zu gewähren und
den Wünschen des Volks entgegenzukommen. Ein altes
Thor in Kassel das den freien Verkehr hemmte, wurde
abgebrochen. Eine Brücke, deren Unterhaltung der Hof=
kasse oblag, die aber der Kurfürst zum großen Leidwesen
des Publikums hatte verfallen lassen, wurde sofort wieder
hergestellt. Museum und Bildergallerie wurden dem
Publikum geöffnet. Beamte des Hassenpflug'schen Regiments
wurden von ihren einflußreichen Stellen entfernt und durch
andere ersetzt. Schon in dieser ersten Thätigkeit legte Herr
von Möller den Grund für die Anerkennung, die
später seiner Verwaltung von der Bevölkerung Kassels in
so reichem Maße zu Theil geworden ist.

Im Süden des Landes war freilich die preußische
Herrschaft noch nicht hergestellt. Nach Entfernung des
Kurfürsten hatte der noch in Frankfurt weilende Bundes=
tag Herrn Alexander von Baumbach (s. oben S. 64)
zum „Bundeskommissar für Kurhessen" bestellt, was dieser
am 30. Juni von Hanau aus bekannt machte. Die
hessischen Truppen unter General von Loßberg hatten
sich den um Frankfurt gesammelten Bundestruppen an=
geschlossen.*) General von Werder entsandte an dieselben
einen Parlamentär, der sie auffordern sollte, angesichts
des Umstandes, daß der unmittelbare Wille ihres Kriegs=
herrn ihnen fehle, friedlich in ihre Garnison zurückzukehren.
General von Loßberg ließ den Parlamentär nicht zu.
General von Werder richtete darauf die nämliche Auf=
forderung an die Truppen in Form einer offenen Pro=
klamation. Die Truppen leisteten keine Folge. Noch am

---

*) Siehe die Schrift: Die vormals Kurhess. Armeedivision
im Jahre 1866 von Jul. v. Schmidt.

6. Juli richtete der König ein Telegramm an den Kur=
fürsten, mit der Aufforderung, seine Truppen von der
Bundesarmee abzurufen. Auch dieser Versuch hatte keinen
Erfolg. Die hessischen Truppen wurden jedoch größten=
theils zur Besetzung von Mainz verwendet. Nur zwei
Schwadronen Husaren wurden mit den Bundestruppen
vereinigt, die das Gefecht von Aschaffenburg schlugen.
Sie hatten dabei mehrere Todte und Verwundete.

Bei den Verhandlungen, die zu dem gedachten Telegramm
des Königs Veranlassung gaben, trat zum letzten Mal
für den Kurfürsten die Möglichkeit heran, sich die Herrschaft
seines Landes zu erhalten. Der Kurfürst hatte im Hinblick
auf die in Stettin um sich greifende Cholera an den König
die Bitte gerichtet, ihn nach der Schweiz abreisen zu lassen.
Durch das gedachte Telegramm lehnte der König dies ab,
so lange nicht der Kurfürst sich entschließe, seine Truppen
zurückzurufen und ein Bündniß mit ihm einzugehen.
Jedoch ward dem Kurfürsten freigestellt, seinen Wohnsitz
in dem Schlosse zu Königsberg zu nehmen. Diesem
Telegramm ließ König Wilhelm am 8. Juli noch ein
Schreiben folgen, worin gesagt wurde, daß, sobald der
Kurfürst seine Truppen zurückrufe, um als Bundesgenosse
mit den preußischen „für die gemeinsamen Interessen alter
Waffenbrüderschaft" zu fechten, ihm die Wahl seines
Aufenthaltes an jedem Orte außerhalb des Kurstaates
(der einstweilen unter dem Militärgouvernement bleiben
müsse) freigestellt sein solle. Unzweifelhaft lag in dieser
Aufforderung das erneuerte Anerbieten, dem Kurfürsten
die Herrschaft seines Landes zu belassen. Nochmals aber
lehnte dieser das Anerbieten ab. Als Gefangener könne
er einen wirksamen Befehl an seine Truppen nicht ertheilen.
„Ich baue auf Gott", schloß sein Brief, „und will ge=

buldig ertragen, was er über mich und mein Land ver=
hängt hat."

Auch diese Ablehnung, die erst mehrere Tage nach der
Schlacht von Königgrätz, also zu einer Zeit 'erfolgte, wo
auf einen Sieg Oesterreichs kaum noch zu rechnen war,
hat man als einen Beweis dafür angeführt, daß es dem
Kurfürsten stets nur um ein „unbeugsames Festhalten
am Rechte" zu thun gewesen sei, und daß andere Inter=
essen niemals bei ihm eine Rolle gespielt haben. Dieser
Beweis ist wohl nicht zutreffend. Konnte auch der Kurfürst,
als er den Brief schrieb, nicht mehr auf einen Sieg
Oesterreichs rechnen, und waren damit auch die an einen
solchen Sieg sich knüpfenden Hoffnungen hinfällig geworden,
so besaß er doch noch eine Eigenschaft, die allein schon
ausreichte, in der neuen Lage, in der er sich befand, seine
Ablehnung zu erklären. Das war der ihm eigenthümliche
Starrsinn, der früher unzählige Male andern das Leben
schwer gemacht hatte, jetzt aber gegen ihn selbst sich wendete
und ihm zum Verhängniß wurde. Hatte er früher aus
anderen Gründen nicht nachgeben wollen, so wollte er
jetzt als Kriegsgefangener erst recht nicht. Das lag in
seinem Charakter. Er war ganz der Mann dazu, daß
er auch den dritten Band der ihm angebotenen sibyllinischen
Bücher nicht, wie weiland der weisere römische König,
sich kaufte, sondern ruhig in's Feuer werfen ließ. Von
„Pflichten gegen den Bund", von denen er früher stets
gesprochen hatte, konnte nach der Schlacht von Königgrätz
nicht mehr die Rede sein. Der Bund war todt. Es
konnte sich also nur noch um ein Festhalten an seinem
(subjektiven) Rechte handeln. Wer aber in politischen
Dingen starr an „seinem Rechte" festhalten will, auch
wo diesem Rechte die Macht der Thatsachen gegenüber=

tritt, zeigt damit mindestens, daß er aus der Weltgeschichte nichts gelernt hat.

Daß die möglichste Erhaltung Kurhessens in seiner Selbständigkeit der allgemeine Wunsch der hessischen Bevölkerung war, daran ist nicht zu zweifeln. Nur die Flugschrift eines ausgewanderten Kurhessen („Was soll aus Kurhessen werden?" von W. Endemann) plädirte für die sofortige Einverleibung. Friedrich Oetker trat für eine bleibende Selbständigkeit Kurhessens ein, unbeschadet aller derjenigen einheitlich zu gestaltenden Einrichtungen, für die ein praktisches Bedürfniß vorhanden sei. Er verwahrte sich jedoch dabei gegen den Namen einer Personalunion. Eine andere Flugschrift („Kurhessens Anschluß an Preußen" von einem Kurhessen) erklärte sich — wohl in der Voraussicht, daß das von Oetker Erstrebte nicht zu erreichen sei — zwar für ein Aufgehen Kurhessens in Preußen als Ziel, wünschte aber zunächst ein Zwischenstadium, in welchem die Umbildung der hessischen Verhältnisse für jenes Ziel unter Mitwirkung der hessischen Volksvertretung vor sich gehen sollte. Zugleich trat diese Schrift dafür ein, daß dem Lande sein Staatsvermögen erhalten bleibe.

Am 17. August verlas Graf Bismarck im Abgeordnetenhause die Königliche Botschaft, welche die Vereinigung der vier Länder mit Preußen verkündigte. „Nicht in dem Verlangen nach Ländererwerb, sondern in der Pflicht, unsere ererbten Staaten vor wiederkehrenden Gefahren zu schützen, der nationalen Gestaltung Deutschlands eine breitere und festere Grundlage zu geben, liegt für uns die Nothwendigkeit, das Königreich Hannover, das Kurfürstenthum Hessen, das Herzogthum Nassau und die freie Stadt Frankfurt mit unserer Monarchie zu vereinigen. Wohl wissen wir, daß nur ein Theil der Bevölkerung

jener Staaten mit uns die Ueberzeugung von dieser Noth=
wendigkeit theilt; wir achten und ehren die Gefühle der
Treue und Anhänglichkeit, welche die Bewohner derselben
an ihre bisherigen Fürstenhäuser und ihre selbständigen
politischen Einrichtungen knüpfen; allein wir vertrauen,
daß die lebendige Betheiligung an der fortschreitenden
Entwickelung des nationalen Gemeinwesens, in Ver=
bindung mit einer schonenden Behandlung berechtigter
Eigenthümlichkeiten, den unvermeidlichen Uebergang in
die neue größere Gemeinschaft erleichtern werde."

Der mit dieser Botschaft dem Landtag vorgelegte Gesetz=
entwurf sollte lediglich die Vereinigung aussprechen und
die definitive Regulirung der Beziehungen der Länder zu
dem preußischen Staate besonderem Gesetze vorbehalten.
Graf Bismarck fügte persönlich hinzu: es solle ein
Uebergangsstadium geschaffen werden, um die völlige Ein=
verleibung in derjenigen schonenden Weise vorzubereiten,
welche die Botschaft in Aussicht stelle. Er forderte den
Landtag auf, mit Vertrauen die dazu nöthige Macht=
vollkommenheit in die Hände des Königs zu legen. Die
„Hessische Morgenzeitung" glaubte, daß durch die königliche
Botschaft für Kurhessen die Aussicht gegeben sei, „daß
wir für geraume Zeit, ja zum Theil für immer, diejenigen
Einrichtungen unseres öffentlichen Lebens behalten, für
deren Begründung oder Wiedererringung wir ein ganzes
Menschenalter hindurch gekämpft haben".

Im Abgeordnetenhause wurde das Einverleibungsgesetz
einer Kommission überwiesen, deren Verhandlungen nun
begannen. Bereits bei der Kommissionsverhandlung über
das Reichswahlgesetz hatten sich viele Mitglieder und zwar
gerade solche der liberalen Parteien (Twesten, Simson,
Lette, von Carlowitz, Frech) in Uebereinstimmung mit

dem Regierungskommissar dahin ausgesprochen, daß mit
der Eroberung auch die Verfassungen der eroberten Länder
verfallen seien. In gleicher Weise beantwortete Graf
Bismarck die darüber gestellte Frage in der Ein=
verleibungskommission. „Unsere Absicht ist, den einzelnen
Staaten von ihren bisherigen Einrichtungen so viel zu
lassen, als mit den Interessen des ganzen preußischen
Staates verträglich ist." Die Regierung, sagte er, stütze ihr
Recht nicht auf die Eroberung, sondern es handele sich um das
Recht der deutschen Nation, zu existiren und zu athmen, und
um ihre Kraft, welche in Preußen wurzele. Die vorgeschlagene
Einberufung der Landesvertretungen jener Länder erklärte
er für bedenklich. Die Regierung wolle nur mit Hülfe
zugezogener Sachverständigen aus den Ländern den Um=
gestaltungsprozeß vornehmen. Dem Antrage, daß die
preußische Verfassung sofort in den Ländern eingeführt
werde, trat er entgegen. Er verlangte einen freien Spiel=
raum, erklärte aber einer Bestimmung, daß die Verfassung
mit dem 1. Oktober 1867 dort eintrete, nicht entgegen=
treten zu wollen. — In der Kommission erhob sich nun
eine längere Erörterung über die angeregten Fragen.
Der Bemerkung des Abgeordneten Virchow, daß den
Kurhessen von den preußischen Regierungskommissaren in
öffentlichen Proklamationen der Fortbestand ihrer Ver=
fassung zugesichert sei, begegneten die Vertreter der Regierung
mit der Erklärung, daß inzwischen eine wesentliche Ver=
änderung im Verhältnisse Preußens zu jenen Ländern ein=
getreten sei, und daß sich jene Proklamationen nur auf den
Zwischenzustand bis zur Vereinigung mit Preußen bezogen
haben. Schließlich nahm die Kommission das Gesetz mit
dem Zusatze an, daß die preußische Verfassung in den neuen
Ländern mit dem 1. Oktober 1867 in Kraft treten solle.

Der von dem Abgeordneten Kanngießer sehr ge=
schickt entworfene, umfassende Bericht gab diese Verhand=
lungen in entsprechender Weise wieder. Selbstverständlich
fehlte es darin nicht an sehr wohlwollenden Worten für
die neuen Länder. Es wurde von den vortrefflichen Ein=
richtungen geredet, welche dieselben besäßen und welche
fruchtbringend auf Preußen zurückwirken könnten, z. B.
Hannovers Justiz, Kurhessens freies Gemeindeleben. In
welchem Umfange diese Einrichtungen zu erhalten seien,
lasse sich jedoch zur Zeit nicht bestimmen. In der
Kommission habe sich schließlich der Grundsatz festgestellt,
daß, soweit es die Einheit des Gesammtstaats irgend
gestatte, jenen Ländern provinzielle Selbständigkeit und
Selbstverwaltung gewahrt bleibe. Auch der Minister=
präsident habe erklärt: „es solle erhalten bleiben, was
Preußen irgend ertragen könne." An späterer Stelle
wird noch gesagt: „Der Ministerpräsident erklärte, daß
er eine Verpflichtung zur Berufung der Volksvertretungen
der neuen Länder — ohne eine solche gerade definitiv
abzulehnen — nicht eingehen könne. Er stellte bestimmt
in Aussicht, daß die Regierung einen Ausschuß von höheren
Beamten unter Vorsitz eines preußischen Beamten zur
Berathung darüber zusammentreten lassen werde, wie die
Rechtszustände auszugleichen und die Verschmelzung an=
zubahnen sei. Was den materiellen Rechtszustand angeht,
so war man in der Kommission der Ansicht, daß die auf
die Justizverwaltung und das Steuerwesen bezüglichen
Gesetze und Einrichtungen jener Länder unverändert fort=
zubestehen hätten, so weit nicht eine dringende Nothwendig=
keit die Aufhebung geböte. Die Regierungsvertreter waren
zu einer Erklärung hierüber nicht ermächtigt".

Ehe noch dieser Bericht zur Verhandlung im Ab=

6*

georbnetenhaufe fam, waren von Kaffel aus verschiedene
Schritte geschehen.

Bereits am 22. August hatten die städtischen Behörden
es für angezeigt erachtet, eine Deputation aus ihrer Mitte
mit dem Oberbürgermeister Nebelthau an der Spitze nach
Berlin zu senden, um dem vertrauensvollen Entgegen=
kommen der heffischen Bevölkerung Ausdruck zu geben und
Seiner Majestät die Interessen der Stadt Kaffel warm
an's Herz zu legen. Die Abgesandten wurden zunächst
vom Grafen Bismarck sehr freundlich empfangen. Nach
einem glaubhaften Bericht erklärte dieser ihnen, daß bei der
Gesetzgebung der Zwischenperiode unter allen Umständen
die Wünsche des Landes gehört und wenn irgend möglich
berücksichtigt werden sollten. Auch der König empfing die
Deputation höchst huldvoll. Er erklärte sich einigermaßen
überrascht, aber um so mehr erfreut, den Beweis ihres
Entgegenkommens schon jetzt entgegennehmen zu können.
Er versicherte, daß die Eigenthümlichkeiten des Landes
mit größter Schonung behandelt werden sollten, auch die
Hauptstadt sich besonderer Berücksichtigung erfreuen werde.
Sehr befriedigt kehrte die Deputation nach Kaffel zurück.
Fast gleichzeitig erschien in Berlin eine Deputation aus
Hannover, welche um Erhaltung der Selbständigkeit ihres
Landes bat. Auch diese wurde von Seiner Majestät sehr
huldvoll empfangen, wenn ihr gleich in der Hauptsache
ein abweisender Bescheid zu theil wurde.

Als sodann der Kommissionsbericht über das Ein=
verleibungsgesetz bekannt wurde, traten unter Führung
Nebelthau's zwölf Mitglieder der letzten heffischen Stände=
versammlung zusammen und gaben eine Erklärung ab,
die man sofort nach Berlin sandte und die dort noch vor
der Verhandlung im Abgeordnetenhause bekannt wurde.

Sie lautete: „Die unterzeichneten in Kassel anwesenden
Mitglieder der Ständeversammlung erkennen die Vereinigung Kurhessens mit der preußischen Monarchie als
eine durch die geschichtliche Entwickelung gegebene Nothwendigkeit an und erklären nach Einsicht des Berichts
der Kommission des Abgeordnetenhauses, daß sie die Annahme des von der Kommission vorgeschlagenen Gesetz-
entwurfs, und zwar in dem im Kommissionsberichte
niedergelegten Sinne, den Interessen Kurhessens entsprechend
erachten."

Friedrich Oetker, der zu jener Zeit, um im
Interesse Kurhessens zu wirken, in Berlin weilte, hatte
an dieser Erklärung nicht theilgenommen. Er erklärte
später („Hessische Morgenzeitung" vom 16. Oktober) um so
weniger diesem Schritte beipflichten zu können, als er
keinen genügenden Anlaß ersehen habe, auf die Abstimmung
des Abgeordnetenhauses zu Gunsten des Kommissions-
entwurfes einzuwirken. In der That ist nicht wohl zu
erkennen, was jene Erklärung bezweckt habe. Irgend
welche in jenem Berichte enthaltene Zusicherungen durch
eine Art Accepts dem Lande zu sichern, davon konnte
wohl nicht die Rede sein, da alle jene Verheißungen, so
schön sie auch klangen, doch so unbestimmt gefaßt waren,
daß sie nichts Zuverlässiges darboten. Wie die Sache lag,
konnte jenes wiederholte Entgegenkommen leicht zu Miß-
verständnissen über die Stimmung des Landes führen.
Vielleicht geschah es im Bewußtsein hiervon, daß am
19. September die nämlichen zwölf Abgeordneten ein weiteres
ausführlicheres Schreiben an die Landesadministration
richteten, worin sie baten, dem Lande für die Zwischenzeit
bis zum Eintritt der preußischen Verfassung seine verfassungsmäßigen Einrichtungen, so weit thunlich, zu belassen

und bei den zur Ueberleitung erforderlichen Gesetzen die
kurhessische Landesvertretung mitwirken zu lassen.

Bei der Verhandlung über das Einverleibungsgesetz im Ab=
geordnetenhause wurde von den Referenten auf das erstgedachte
Schreiben der hessischen Abgeordneten zu Gunsten der Vorlage
Bezug genommen. Schon dadurch wurde jeder Versuch
einer Amendirung aussichtslos. Der Abgeordnete Dr. Löwe
beantragte zwar einen Zusatz zu § 2 folgenden Inhalts:
„Die zur Ausführung der preußischen Verfassung in
diesen Landestheilen erforderlichen Abänderungen, Zusatz=
und Ausführungsbestimmungen werden durch besondere
Gesetze festgestellt. Die gegenwärtig daselbst bestehenden
Einrichtungen sollen möglichst geschont werden und jeden=
falls die Vorschriften über Rechtspflege und die Zuständig=
keit der Gerichte inzwischen in Kraft bleiben.“ Außer
dem Antragsteller sprach auch der Abgeordnete Dr. Gneist
für diesen Antrag, der Fortschrittsmann Waldeck aber
eifrig dagegen. Der Antrag ward abgelehnt, und der
Gesetzentwurf mit großer Mehrheit unverändert angenommen.
Ebenso auch im Herrenhause. Am 20. September wurde
das Gesetz verkündet. Die „Diktaturperiode“ über die
annektirten Länder hatte hiermit begonnen.

Auch die hessischen Truppen wurden nun aus ihrer
traurigen Lage erlöst. Sie kehrten von Mainz in ihre
Garnisonen zurück. Am 3. September zog die Garde, an
den folgenden Tagen zogen die übrigen Regimenter wieder
in Kassel ein. Sie wurden von den preußischen Militär=
behörden mit vollen militärischen Ehren, von der Kasseler
Bevölkerung mit der größten Begeisterung empfangen.
Auch hierin sprach sich deutlich die vorherrschende Stimmung
aus. Die Truppen wurden zunächst in den umliegenden Dorf=
schaften einquartiert, dann aber in ihre Heimath entlassen.

In einer bedrängten Lage waren die Offiziere.*) Viele
derselben erachteten sich durch ihren Diensteid an die
Person ihres bisherigen Kriegsherrn gebunden. Die
preußische Regierung ließ mit dem Kurfürsten unterhandeln
wegen Entbindung derselben, so wie überhaupt der kurhessischen
Unterthanen und der Zivil= und Hofdienerschaft von ihrem
Eide. Unter'm 17. September kam zwischen den beider=
seitigen Bevollmächtigten ein Vertrag zu Stande. Unter
der Voraussetzung, daß der Kurfürst die fragliche Eides=
entbindung ausspreche, wurde demselben die lebenslängliche
Nutznießung des gesammten Hausfideikommißvermögens,
also namentlich des Hausschatzes und der zum Hausfidei=
kommiß gehörigen Grundstücke, mit der ausdrücklichen Ge=
stattung der eigenen Benutzung der in der Provinz Hanau
gelegenen Schlösser, zugesichert. Auch sollte ihm die Hof=
dotation von 300 000 Thaler fortgezahlt werden, jedoch
abzüglich der darauf haftenden, nach dem Durchschnitt der
letzten zehn Jahre festzustellenden Lasten, welche auf die
preußische Staatskasse übernommen wurden. (Der Vertrag
findet sich vollständig in den Verhandlungen des preußischen
Abgeordnetenhauses von 1867/68, Anlage 91.) Die dem=
nächst erfolgte Feststellung der Lasten ergab einen Betrag
von 265 617 Thalern, unter deren Abzug die Auszahlung
erfolgte. Durch Urkunde vom 18. September sprach
hierauf der Kurfürst „als letzten Beweis seiner landes=
väterlichen Huld und Fürsorge zur Beseitigung einer jeden
Gewissensbedrängniß seiner getreuen Unterthanen" die Ent=
bindung derselben von dem ihm geleisteten Unterthanen=,
Fahnen= und Diensteide aus. Vom Administrator des
Kurfürstenthumes wurde diese Urkunde öffentlich bekannt

*) Vergl. v. Schmidt, Kurh. Armeedivision.

gemacht. Auch noch bei dieser Gelegenheit war dem Kur=
fürsten angeboten worden, seinen Frieden mit Preußen zu
machen. Er sollte, neben Belassung seiner gesammten
Einkünfte, die (von Hessen=Darmstadt ertauschte) Land=
grafschaft Hessen=Homburg als souveräner Fürst erhalten
und als solcher dem norddeutschen Bunde beitreten. Auch
dieses letzte Angebot lehnte er ab. Als Vertreter des
Kurfürsten bei jenem Vertrage hatte Herr Alexander
von Baumbach gedient, der, als er die Rolle eines
Bundeskommissars für Kurhessen spielte, aus dem Staats=
dienste entlassen worden war. Er wurde jetzt zur Belohnung
für seine Bemühungen in den Gehalt von 3000 Thalern
wieder eingesetzt. Der Kurfürst wurde hierauf seiner Ge=
fangenschaft entlassen. Er begab sich zunächst nach Hanau,
wo er im Schlosse Philippsruh Wohnung nahm.

Montag, den 8. Oktober erfolgte die feierliche Ver=
kündigung der Besitzergreifung Kurhessens in Kassel durch den
Präsidenten von Möller vom Balkon des rothen Palais
herab. Auf dem Friedrichsplatz waren Tribünen errichtet,
wo die Behörden zur Entgegennahme des feierlichen Aktes
versammelt waren. Eine „Allerhöchste Proklamation an
die Einwohner des vormaligen Kurfürstenthums Hessen",
sowie ein „Patent wegen Besitznahme des vormaligen Kur=
fürstenthums Hessen" wurden verlesen. Herr von Möller
erklärte darauf die Vereinigung des Kurfürstenthums mit
der preußischen Monarchie für vollzogen. Aehnliche Akte
fanden an dem nämlichen Tage auch in den übrigen
größeren hessischen Städten statt.

Die Diktaturperiode.

Kurhessen, das 174 Geviertmeilen und etwa 750 000 Einwohner (auf die Meile also etwa 4 300 Einwohner) zählte, ging nicht in ganz unverändertem Bestande auf Preußen über. In dem Friedensvertrage mit Hessen-Darmstadt waren an letzteres die zu Kurhessen gehörigen Enklaven Trais a. d. L., das Gericht Katzenberg und das Amt Nauheim abgetreten. Dagegen wurden von Hessen-Darmstadt mehrere Gebietstheile an Preußen abgetreten. Von diesen wurde der Kreis Vöhl (nebst einigen kleinen Bezirken) dem nunmehrigen „Regierungsbezirke Kassel" zugeschlagen. Dasselbe geschah mit dem von Bayern abgetretenen Bezirksamt Gersfeld und dem Landgericht Orb.

Dem Herzog von Koburg-Gotha waren für seine im letzten Kriege bewährte Bundesgenossenschaft durch königlichen Akt vom 14. September 1866 sämmtliche im Kreise Schmalkalden gelegenen Staatsforsten als fideikommissarisches Eigenthum des herzoglichen Gesammthauses zum Geschenk gemacht. Die Waldungen umfaßten 37 886 Acker, und ihr Ertrag wurde auf 60 000 Thaler Brutto und 40 000 Thaler rein geschätzt. In dem Vertrag war bestimmt, daß die Bewirthschaftung einer Staatsaufsicht nicht unterworfen sei. Man wird begreiflich finden, daß dieser Akt in Kurhessen nicht mit Freude begrüßt wurde. Er rief

namentlich in dem armen Kreise Schmalkalden die leb=
hafte Besorgniß hervor, daß die Eingesessenen, die
namentlich bei ihrem Gewerbebetrieb vielfach auf Bezüge
aus dem Walde angewiesen sind, dem neuen Privatbesitzer
gegenüber in eine weit schwierigere Lage kommen würden.

Noch ehe die Einverleibung vollzogen war, begann die
preußische Regierung sich in Hessen häuslich einzurichten.
Durch Erlaß der Administratoren vom 9. August wurde
bekannt gemacht, daß die fürstlich Thurn= und Taris'sche
General=Post=Direktion, welche bisher auch das hessische
Postwesen geleitet hatte, unter preußische Kontrolle und
Oberleitung gestellt worden sei. Diese später noch mittels
Abfindung der Fürsten Thurn und Taris durchgeführte
Uebernahme der Post durch den Staat ist gewiß als eine
der glücklichsten Errungenschaften des Jahres 1866 zu
preisen. Aus ihr ging die bewunderungswürdige Anstalt
hervor, als welche zur Zeit die deutsche Post unübertroffen
in der Welt dasteht.

Ferner wurde durch Erlaß der Administratoren vom
4. September eine Kommandite der preußischen Bank mit
den ihr durch die Bankordnung verliehenen Rechten in
Kassel errichtet. Auch diese Anstalt, welche sich später in
eine Kommandite der deutschen Reichsbank umwandelte,
hat sich für Handel und Wandel sehr wohlthätig erwiesen.

Gleichzeitig mit der Besitzergreifung wurde die Justiz=
verwaltung des Landes auf das Justizministerium in
Berlin übertragen. Dabei wurde gesagt, daß in dem
Ressort der Justizbehörden „für jetzt“ keine Aenderung
eintrete.

Am 13. Oktober machte die Regierung in Kassel be=
kannt, daß der Herr Administrator für Kurhessen die
Einstellung der Wahlen zum Landtage angeordnet habe, —

eine Antwort auf die Abresse der zwölf Abgeordneten vom 19. September.

Durch allerhöchste Ordre vom 15. Oktober wurde eine Umbildung der Verwaltung vollzogen. Der General= gouverneur von Werber wurde abberufen. An die Spitze der Verwaltung trat der Zivilabministrator, als welcher Herr von Möller bestätigt wurde. Diesem wurden im Wesentlichen die Funktionen eines preußischen Oberpräsidenten zugewiesen. In dankbarer Anerkennung des vom General von Werber bewiesenen Wohlwollens ertheilte ihm bei seinem Scheiden (so wie gleichzeitig auch dem Präsidenten von Möller) die Stadt Kassel das Ehrenbürgerrecht.

Durch allerhöchste Verordnung vom 13. Oktober wurde die gesammte Militärverfassung Preußens auf die neuen Länder übertragen. Von den hessischen Offizieren wurde ein Theil disponibel gestellt oder pensionirt. Die große Mehrzahl wurde, zum Theil unter Beförderung, in den preußischen Dienst eingereiht. Viele wurden dabei in altpreußische Regimenter versetzt und in die verschiedenen preußischen Provinzen zerstreut. Die hessische Infanterie wurde in die Regimenter 80, 81, 82 und 83 und das 11. Jägerbataillon, die Kavallerie in die Husaren= regimenter 13 und 14 umgewandelt, die Artillerie dem Feldartillerieregimente 11 einverleibt. Kassel wurde Sitz für das Generalkommando des neugebildeten 11. Armee= korps, sowie für das Kommando der 22. Division und der beiden ihr zugehörigen Brigaden.

Dies alles waren jedoch nur Vorläufer. Es kam das Jahr 1867 heran und mit ihm die volle Fluth der Diktaturgesetzgebung. Das hessische Gesetzblatt hörte auf, und die amtlichen Erlasse wurden in dem preußischen

Gesetzblatt und dem neu eingeführten Amtsblatt für Hessen verkündet.

Es galt zunächst die neuen Länder in ihrer staatlichen Organisation und ihren Behörden nach preußischem Muster umzugestalten.

Kurhessen mit den ihm zugeschlagenen vormals bayerischen und hessen=darmstädtischen kleinen Landstrichen einerseits, und Nassau nebst Frankfurt, Hessen=Homburg und den übrigen abgetretenen hessen=darmstädtischen Ge= bietstheilen andererseits wurden zu selbständigen Regierungs= bezirken erklärt. Für jeden dieser beiden Bezirke wurde eine Regierung eingesetzt mit den bekannten drei Ab= theilungen der preußischen Regierungen. Später wurden dann diese beiden Regierungsbezirke zu einer Provinz Hessen=Nassau vereinigt, deren Zusammenhang jedoch zu= nächst nur in der Gemeinschaftlichkeit einiger höchsten Be= amten, insbesondere des Oberpräsidenten (als welcher Herr von Möller fortfungirte), seinen Ausdruck fand.*)

Den Regierungen wurde der nämliche Wirkungskreis, wie der für die Regierungen der alten Provinzen bestimmte übertragen. „Sie verwalten ihre Geschäfte nach Maßgabe der Instruktion vom 23. Oktober 1817 und der zu derselben ergangenen erläuternden, ergänzenden und abändernden Bestimmungen.“ Die hessische Eintheilung des Landes in 21 Kreise wurde belassen, jedoch unter Bildung eines

---

*) Bei der neuesten Umgestaltung der Kommunalvertretung beider Regierungsbezirke hat man auch die Kommunalstände beider zu einem Provinziallandtage verbunden, der die gemeinsamen An= gelegenheiten der Provinz berathen soll. Es dürfte jedoch zur Zeit noch schwer werden, wirklich gemeinsame Angelegenheiten dieser Art aufzufinden, da die ganze Entwickelung beider Länder grund= verschieden ist.

selbständigen Stadtkreises Kassel, sowie unter Hinzutritt eines (aus vormals bayerischem Gebiet gebildeten) Kreises Gersfeld. An der Spitze der Kreise verblieben die Land= räthe, welchen die nämlichen Funktionen, wie die für die Landräthe der alten Provinzen bestimmten, zugewiesen wurden. An die Spitze des Stadtkreises Kassel trat ein Königlicher Polizeidirektor.

Die neue Organisation trat am 1. Oktober 1867 in's Leben. Mit diesem Tage gingen auf die neu errichtete Regierung zu Kassel die Geschäfte der vormaligen vier hessischen Regierungen, der Oberfinanzkammer, des Ober= steuerkollegs, des Oberforstkollegs, der Oberbaukommission und des Lehnhofes zu Kassel, vom 1. Januar 1868 an auch die Geschäfte der Kommissionen für Handel und Ge= werbe, für landwirthschaftliche und für statistische An= gelegenheiten über.

Für die Verwaltung der Zölle und indirekten Abgaben der Provinz Hessen=Nassau wurde ein Provinzialsteuer= direktor bestellt, auf den die Geschäfte der Oberzolldirektion übergingen. Dieser trat bereits am 1. April 1867 in Wirksamkeit.

Das Eisenbahnwesen und das Bergwesen wurde un= mittelbar unter die Leitung des Handelsministers gestellt. Ueber das gesammte Schulwesen, einschließlich der Uni= versitäten, sowie über das gesammte Medizinalwesen wurde der Kultusminister ermächtigt, in demselben Maße Ver= fügung zu treffen, wie in den älteren Landestheilen. Eine Königliche Ober=Postdirektion ward zu Kassel errichtet, und vom 1. Juli 1867 an, der bisherige Thurn= und Taxis'sche Postbezirk mit dem preußischen Postgebiete ver= einigt, wobei die in Preußen geltenden Bestimmungen auf ihn ausgedehnt wurden. Auf dem Gebiet des Forst=

wesens wurden die Ressortminister ermächtigt, in demselben
Maße Anordnung zu treffen, wie in den älteren Provinzen.
Die obere Leitung der Strafanstalten wurde dem Justiz=
ministerium entzogen und dem Minister des Innern über=
tragen. Die hessischen Konsistorien wurden dem Kultus=
minister unmittelbar untergeordnet.

Eine zweite Kategorie von Erlassen betraf die Stellung
der Beamten. Für die Anstellung und Entlassung von
Beamten wurden den Ministerien die nämlichen Befugnisse
ertheilt, welche in den alten Provinzen ihnen zustanden,
zugleich mit der Ermächtigung, bezüglich der Anstellung,
Beurlaubung, Entlassung oder Pensionirung die Zuständig=
keit und das Verfahren nach den in den alten Provinzen
geltenden Bestimmungen anderweit zu regeln. Sämmtliche
Beamten, einschließlich der Geistlichen, wurden hiernächst
neu beeidigt. Sämmtliche für die älteren Provinzen all=
gemein gültigen Vorschriften, Verordnungen und Gesetze
über den Eintritt in den Staatsdienst und über die Rechte
und Pflichten der Staatsdiener (es wurden dabei 16 Gesetze
speziell namhaft gemacht) wurden auf die neuen Provinzen
ausgedehnt. Die altpreußischen Disziplinargesetze für
richterliche und für nichtrichterliche Beamten wurden ein=
geführt, dabei der Kreis höherer Beamten, welche gegen
Wartegeld einstweilen in den Ruhestand versetzt werden
können, für die neuen Provinzen erheblich erweitert. Die
in den alten Landestheilen bestehenden Gesetze über das Amts=
Kautionswesen wurden auf die neuen Provinzen aus=
gedehnt. Die Heranziehung der Staatsdiener zu Kommunal=
steuern wurde nach altpreußischen Grundsätzen geordnet.
Die für die kurhessischen Staatsdiener bestehenden Wittwen=
kassen wurden aufgehoben. Den bestehenden Mitgliedern
wurde gegen Fortentrichtung ihrer Beiträge der Bezug

der Pension für ihre Hinterbliebenen staatsseitig zugesichert. Die nach den kurhessischen Gesetzen den Hinterbliebenen kurhessischer Staatsdiener wider den Staat zustehenden Pensionsansprüche wurden nach Maßgabe des Gehalts, den der Staatsdiener zur Zeit seines Uebertritts bezog, fixirt.

Eine vollständige Einführung fanden sodann sämmtliche preußischen Militärgesetze. Wir wollen nicht versuchen, die große Anzahl derselben hier im Einzelnen aufzuführen. Genug, daß alles und jedes, was sich auf das Militär bezog, auf die neuen Provinzen übertragen wurde.

Ferner haben wir die Finanzgesetze zu betrachten. Der Staatshaushalt für 1867 wurde auf Grund eines von Berlin aus publizirten Budgets geführt, das im Wesentlichen dem früheren kurhessischen sich anschloß. Für die Folge wurde aber eine neue Grundlage geschaffen durch Einführung sämmtlicher preußischen Steuern.

Zunächst wurden die direkten Steuern eingeführt: Gebäudesteuer, Gewerbesteuer, Klassen- und Einkommensteuer, welche an die Stelle der entsprechenden hessischen Steuern traten. Bezüglich der Grundsteuer wurde verordnet, daß bis zu deren vorbehaltenen Regelung nach den preußischen Gesetzen die hessische Grundsteuer, mit Ausnahme der für Gebäude erhobenen, zu drei Viertheilen forterhoben werden solle. Diese Verminderung findet darin ihre Erklärung, daß fortan das Einkommen von Grundeigenthum, ebenso wie das von Gewerben, auch der Klassen- und Einkommensteuer unterworfen wurde, während es in hessischer Zeit von dieser Steuer frei war.

Desgleichen wurden die indirekten Steuern nach preußischem Muster geordnet. Zunächst die Steuern von Branntwein, Braumalz, Tabak und Rübenzucker. Von diesen entsprachen die drei letzteren im Wesentlichen den bereits bestehenden hessischen Steuern. Die Branntwein= steuer wurde aus einer Blasensteuer in eine Maischbottich= steuer verwandelt und dadurch ein wesentlich höherer Be= trag erzielt. Auch die für Altpreußen neu regulirte Abgabe von Salz wurde auf die neuen Provinzen über= tragen.

Sodann kam die reichhaltige preußische Stempelgesetz= gebung zur Einführung. In Kurhessen bestand eine Stempelsteuer nur in der Art, daß staatliche Akte und außerdem Eingaben an Behörden dem Stempel unter= lagen. Unter den stempelpflichtigen staatlichen Akten waren auch die Erlasse der Gerichte begriffen, sodaß das Stempel= aufkommen auch die Gerichtskosten umfaßte. Außerdem war eine Stempelabgabe auf Spielkarten und Kalender gelegt. Privatgeschäfte waren völlig stempelfrei. Es wurden nun eingeführt der preußische Stempel für Kalender und Spielkarten (letzterer höher als der hessische); ferner für Zeitungen und für Wechsel; endlich unter 58 Nummern der Stempel für Privatgeschäfte aller Art; wogegen die Stempel für staatliche Akte — unter welchen aber die Gerichtskosten nicht begriffen waren — der späteren Einführung vorbehalten wurden. (Sie erfolgte durch Gesetz vom 5. März 1868.) Diese Pflicht zur Verstempelung von Privatgeschäften war etwas, was in Kurhessen tief mißempfunden wurde; wobei auch der Umstand, daß man nach dem preußischen Gesetze gegen einen widerrechtlich angeforderten Stempel sein Heil im Rechtswege versuchen kann, nur geringen Trost gewährte.

Auch die bisher in Kurhessen ganz unbekannte Erb= schaftssteuer wurde eingeführt; deren Erhebung aber nicht, wie in den alten Provinzen, den Gerichten, sondern der

Verwaltung der indirekten Steuern übertragen. Dies hatte die Folge, daß sie sofort in den neuen Provinzen weit mehr eintrug, als in den alten. (Durch Gesetz vom 30. Mai 1873 ist dann allgemein ihre Erhebung auf die Steuerbehörde übertragen worden.)

Endlich ward auch die Eisenbahn= und die Bergwerks= steuer in Kurhessen eingeführt; beide bisher dort unbekannt.

Für die Beitreibung der Steuern wurde eine den alt= preußischen Grundsätzen entsprechende Verordnung erlassen.

Eine weitere Kategorie von Erlassen läßt sich vielleicht am besten unter dem Namen der politischen Gesetzgebung zusammenfassen. Das preußische Gesetz vom 25. April 1853, wonach das Kammergericht den Gerichtshof für Staatsverbrechen bildete, ward auf die neuen Provinzen übertragen. Die Landgendarmerie ward nach preußischem Muster neu organisirt. Die Polizeiverwaltung wurde gleichfalls nach preußischem Muster umgebildet. Für die Ausschließung des Rechtswegs in Verwaltungssachen wurden „die im Geltungsbereich des preußischen Landrechts be= stehenden allgemeinen Bestimmungen" für anwendbar, für das Verfahren bei „Kompetenzkonflikten" der bestehende Kompetenzgerichtshof für zuständig erklärt.

Eine reiche Anzahl von Gesetzen wurde erlassen, die in das wirthschaftliche Leben des Landes einzugreifen be= stimmt waren. Eine Verordnung führte im Wesentlichen die in Altpreußen bestehende Gewerbefreiheit ein. Das Recht der Zünfte, Andere von dem Gewerbebetrieb aus= zuschließen, wurde aufgehoben. Ortsfremden Inländern ward der Gewerbebetrieb überall gestattet. Für viele Gewerbe wurde die bisherige Konzessionspflicht aufgehoben. Eine weitere Verordnung hob für nicht hypothekarische Darlehn die Zinsbeschränkung auf. Die allgemeine deutsche

Wechselordnung ward von Neuem als Gesetz verkündigt, da die frühere kurhessische Verkündigung derselben in einigen unbedeutenden Punkten von der preußischen abwich. Das preußische allgemeine Berggesetz wurde eingeführt und dem entsprechend auch der Besitzstand der im Besitz des Staates bleibenden Bergwerke neu regulirt. Desgleichen wurde das preußische Gesetz über Eisenbahnunternehmungen und die Verordnung über die Eisenbahnbauhandwerker eingeführt. Schon vorher war der Betrieb der Friedrich-Wilhelms-Nordbahn, nunmehr Hessische Nordbahn genannt, nach einer Vereinbarung mit der Gesellschaft vom Staate übernommen worden. Das preußische Gesetz über Erwerbs- und Wirthschaftsgenossenschaften vom 27. März 1867 wurde auf Kurhessen übertragen. Desgleichen das Gesetz vom 17. Juni 1833 wegen Ausstellung von Inhaberpapieren, deren Außer- und Wiederinkurssetzung ebenfalls durch eine Verordnung neu geregelt wurde. Endlich auch das Gesetz über Beschäftigung jugendlicher Fabrikarbeiter. Bedeutungsvoll für den Haushalt vieler Gemeinden war die Verordnung vom 29. Juli 1867, welche die Bezirks-regierung ermächtigte, das von der Gemeinde zu gewährende Einkommen der Volksschullehrer selbständig dem Bedürfniß entsprechend zu bestimmen.

Auf landwirthschaftlichem Gebiete wurden zunächst alle aus älterer und neuerer Zeit noch bestehenden Beschränkungen des Handels mit Feldfrüchten re. aufgehoben. Desgleichen der noch in einzelnen Landestheilen bestehende Güterschluß und eine im Jahre 1858 wider die Güterschlächterei erlassene kurhessische Verordnung. Ferner wurde eine Verordnung gegeben über die Bildung von Genossenschaften zu Entwässerungs- und Bewässerungsanlagen. Das am tiefsten eingreifende Gesetz war aber die Verordnung

vom 13. Mai 1867, betreffend die Ablösung der Servituten,
die Theilung der Gemeinschaften und die Zusammenlegung
der Grundstücke.

Es ist bereits oben erwähnt, daß die hessischen Stände,
vorzugsweise getrieben durch das Interesse der Großgrund=
besitzer, in den letzten Jahren wiederholt das Begehren
nach einem neueren Verkoppelungsgesetze ausgesprochen
hatten. Sobald man dies in Berlin erfuhr, war man
höchlich bereit, dieses Begehren zu erfüllen. Schon im
Januar 1867 wurde ein Geheimrath aus dem Land=
wirthschaftsministerium nach Kassel entsendet, um dort
zwei mitgebrachte Entwürfe mit einer von dem Ad=
ministrator berufenen Versammlung von Landwirthen
und Beamten zu berathen. Der erste Entwurf, welcher
die materiellen Grundsätze enthielt, war einem älteren
preußischen Gesetze entnommen. Der zweite Entwurf, eine
Art Ausführungsverordnung, war der Abklatsch einer
von preußischen Beamten für Schwarzburg=Sondershausen
abgefaßten Verordnung. Die Entwürfe fanden bei den
Berufenen wenig Anklang; man fand sie theils zu wenig
verständlich, theils für hessische Verhältnisse nicht passend.
Noch vor vollendeter Berathung kehrte der Geheimrath
nach Berlin zurück. Und nun wurde die Sache anders
angegriffen. Es wurden zwei kurhessische Beamte, ein
Verwaltungsbeamter und ein höherer Richter, nach Berlin
berufen. Unter ihrer Zuziehung machte eine Anzahl von
Geheimräthen des Landwirthschafts= und des Finanz=
ministeriums binnen weniger Tage die Sache fertig. Der
zu erlassenden Verordnung wurde die Gemeinheitstheilungs=
Ordnung für die Rheinprovinz vom 9. Mai 1851 zu
Grunde gelegt. Der Gegenstand dieses rheinischen Gesetzes
waren Gemeinheitstheilungen und Ablösung von Servituten.

7*

Darüber verlangte man aber in Hessen gar kein Gesetz, sondern nur ein solches, das die Zusammenlegung der Grundstücke ermöglichte. Nun ward dieser Gegenstand mit einigen Paragraphen in das Gesetz hineingeschoben und so dasselbe als das von Kurhessen gewünschte „Verkoppelungsgesetz" hingestellt. Die beiden zugezogenen hessischen Beamten waren dabei in der übelsten Lage. Kaum irgend vorbereitet für ein so schwieriges und wichtiges Werk, fanden sie auch da, wo sie Bedenken äußerten, kaum Gehör. Bezeichneten sie Dinge mit den Verhältnissen und Anschauungen ihres Landes als unvereinbar, so wurde ihnen erwidert, daß dieses preußische Grundsätze seien, die man nicht aufgeben könne. So wurde eines der tiefgreifendsten Gesetze von Männern, die der Verhältnisse des Landes ganz und gar unkundig waren, und ohne jedes zureichende Gehör des Landes schleunigst zu Stande gebracht und erlassen. Von fast ausschließlich altpreußischen Beamten wurde eine General-kommission eingesetzt, die mit dem 1. Juli 1867 ihre Thätigkeit begann und das Gesetz zur Ausführung brachte. Zur Regelung des Verfahrens derselben, sowie des Kosten-wesens hat man in der Verordnung gesagt, „daß dieselben Vorschriften gelten, welche in der Provinz Westphalen gelten". Natürlich kannte kein Mensch in Kurhessen diese Vorschriften. Vergebens protestirten die zugezogenen Be-amten gegen diese Art Gesetze zu erlassen. Sie fanden kein Gehör; und von da an wurde diese Methode, durch völlig unverständliche Bezugnahme auf irgendwie bestehende Gesetze die Gesetzgebung für die neuen Provinzen sich zu erleichtern, für die Diktaturperiode stereotyp.

Alle bisher aufgeführten Neuerungen ließ das Land mit ziemlicher Gleichgültigkeit über sich· ergehen. Manches

hatte man ja mit Sicherheit vorausgesehen. So die tief
eingreifende allgemeine Militärpflicht, die man, als im
Interesse des wieder gewonnenen deutschen Vaterlandes
liegend, bereitwillig hinnahm. Auch die Einführung der
schwereren preußischen Steuern kam niemandem unerwartet.
Bei der großen Mehrzahl der neuen Verordnungen und
Gesetze, die schon in ihrer Sprachweise mitunter für
hessische Begriffe schwer faßbar waren, hatte man keine
Ahnung davon, was sie eigentlich enthielten. So auch
bei der Verordnung vom 13. Mai 1867, deren ein=
schneidende Wirksamkeit niemand sofort erkannte. Manche
der tief eingreifenden Gesetze, z. B. die Verordnung über
Beschränkung des Rechtswegs, erschienen erst gegen Ende
der Diktaturperiode, wo man bereits ziemlich abgestumpft
war. Dagegen riefen zwei Maßnahmen, die mitten in
diese Periode hinein fielen, die lebhafteste Erregung des
ganzen Landes hervor. Es war das die Umgestaltung
der Justiz und der Versuch, den Staatsschatz dem Lande
zu entfremden.

Der Justizminister Graf zur Lippe legte ohne Zweifel
den größten Werth darauf, die preußische Justiz, insbesondere
das Obertribunal, das noch kurz vorher bei dem Prozeß
Twesten sich so sehr bewährt hatte, möglichst unversehrt
zu erhalten. Die neuen Provinzen sollten unter diesen
Gerichtshof eingereiht werden, ohne daß derselbe irgend
eine weitere Veränderung, als die unvermeidliche Personal=
vermehrung erlitt. Die Stadt Frankfurt, welche bisher
die höchste Instanz in Lübeck gehabt hatte, konnte ohne
Weiteres unter das Obertribunal gestellt werden, da deshalb
neue Mitglieder nicht ernannt zu werden brauchten. Die
Heranziehung der übrigen Länder aber war bedingt durch
die Ernennung von Richtern aus diesen Ländern zum

Obertribunal. Um diese zu ermöglichen, legte Graf zur Lippe zunächst dem Landtage ein Gesetz vor, welches die Versetzbarkeit von Richtern aus den neuen Landestheilen in die alten und umgekehrt für zulässig erklären sollte. Bei der geringen Beliebtheit, die Graf zur Lippe im Abgeordnetenhause besaß, wurde aber das Gesetz dort ab= gelehnt. Nun griff man die Sache anders an. Konnte man auch nicht sofort die neuen Länder unter das Ober= tribunal stellen, so konnte man doch mittels der Diktatur= gewalt einen neuen höchsten Gerichtshof für sie schaffen, der ganz und gar dem Obertribunal entsprach und der dann auf einen Schlag mit diesem vereinigt werden konnte. Zunächst war hierzu erforderlich, daß man das „Frei= zügigkeitsgesetz" für das Durcheinandermengen der Richter, das für die gesammte Monarchie zu erlassen, der Landtag abgelehnt hatte, nun wenigstens für die neuen Provinzen erließ. Es geschah dies durch die Verordnung vom 8. Februar 1867, welche bestimmte, daß jeder, der in den alten Landen oder in einer der neuen Provinzen die Richterfähigkeit erlangt habe, auch für jede der neuen Provinzen als Richter angestellt werden könne. Nun war aber in den neuen Ländern, abgesehen von der gemein= samen Grundlage des gemeinen Rechts, ein durchaus ver= schiedener Rechtszustand, der auf zahlreichen Partikular= gesetzen und partikularen Gewohnheiten beruhte. Sollte nun der für sie zu schaffende höchste Gerichtshof nicht ganz in der Luft stehn, so mußte wenigstens eine gewisse gemeinsame Grundlage für ihn gewonnen werden. Für das Strafrecht war dies leicht zu beschaffen durch Ein= führung des preußischen Strafgesetzbuches und einer neuen, der preußischen nachgebildeten Strafprozeßordnung. Für das Zivilrecht war die Aufgabe weit schwieriger zu lösen.

Das preußische Landrecht in die neuen Provinzen ein=
zuführen (was manche landrechtliche Heißsporne empfahlen),
hatte man doch nicht den Muth. Es blieb also nur die
Möglichkeit, einen gemeinsamen Prozeß zu schaffen. Da
bot nun aber Hannover (das stets mit besonderer Rücksicht=
nahme behandelt wurde) Schwierigkeit, indem man dessen
„berühmte" Zivilprozeßordnung nicht anzutasten wagte.
Es fand sich jedoch ein Auskunftsmittel. Der hannoversche
Prozeß besaß eine ganz bedeutungslose Instanz in dem
„Kassationssenate" des Celler Oberappellationsgerichtes, an
den alljährlich etwa fünf bis sechs Sachen mit einer formalen
Beschwerde gelangten. Indem man diese Instanz in das
neue Oberappellationsgericht verlegte, war das Mittel
gefunden, Hannover scheinbar auch in Zivilsachen unter
dieses Gericht zu stellen, während man in Wahrheit der
Provinz Hannover ihre ganze Ziviljustiz beließ. Die
anderen Länder aber mußten herhalten. Im Mai 1867
wurden aus diesen Ländern einige höhere Richter nach
Berlin berufen und unter ihrem Beirath in einer vom
Justizminister selbst präsidirten Versammlung von Geheim=
räthen auf Grundlage eines altpreußischen Gesetzes eine
neue Zivilprozeßordnung von 113 Paragraphen binnen
weniger Tage zurecht gemacht. Vergeblich machte der
aus Kurhessen berufene Richter geltend, daß dort ein
Bedürfniß, den erst vor wenigen Jahren neu verbesserten,
völlig befriedigenden Prozeß abzuändern, gar nicht bestehe,
und daß überhaupt das Land durch die Beseitigung seiner
Justiz sehr schmerzlich berührt werden würde.

In der That rief das Bekanntwerden dieses Planes
in Kurhessen die größte Aufregung hervor. Für Nassau
und Schleswig=Holstein, die sehr mangelhafte Justiz=
einrichtungen besaßen, hatte die Umgestaltung nichts Ver=

letzendes, konnte sogar für eine Wohlthat gehalten werden. Kurhessen aber erfreute sich, wie man auch preußischerseits anerkannte, einer durchaus guten Justiz. Allerdings war der hessische Prozeß mit dem altpreußischen nahe verwandt, und deshalb der Uebergang zu dem letzteren nicht so schwierig. Aber er war einfacher als dieser und minder kostspielig. Es lag nicht der geringste Grund vor, das Land die Nachtheile, die mit jeder Umgestaltung der Gerichtsorganisation verbunden sind, von neuem durchmachen zu lassen. Vor allem aber fühlte man den Umsturz der Justizverfassung und die beabsichtigte Unterordung unter fremde, des Landesrechts unkundige Richter als eine tiefe Kränkung der Interessen des Landes. Noch erhöht wurden diese Empfindungen durch die Behandlung Hannovers. Dieses widerspenstige Land, so meinte man, werde geschont, Kurhessen dagegen, das preußenfreundlich, werde rücksichtslos behandelt.

Anfangs schien es, als ob diese Erregung Kurhessens in Berlin einigen Eindruck mache. Plötzlich aber ergab sich die Nothwendigkeit, die neuen Justizgesetze auch auf Kurhessen auszudehnen, und die neue Zivilprozeßordnung wurde publizirt. Ihr folgten die Verordnungen über eine neue Gerichtsorganisation und über das neu zu bildende Oberappellationsgericht zu Berlin, ferner eine neue Strafprozeßordnung von 510 Paragraphen und die Einführung des preußischen Strafgesetzbuchs. Mit letzterem wurden auch das preußische Vereinsgesetz und das Preßgesetz, sowie noch eine ganze Reihe anderer Strafgesetze (für Forst= und Feldfrevel u. s. w.) eingeführt. Endlich wurden auch die preußischen Gesetze über Gerichtskosten und Anwaltsgebühren auf die Provinzen ausgedehnt. Alles sollte mit dem 1. September 1867 in Kraft treten.

Mitten in diese Verkündigungen fiel noch ein anderer
Erlaß, der in noch höherem Grade das Land erregte.
Eine Verordnung vom 5. Juli 1867 bestimmte, daß die
in den neuerworbenen Landestheilen vorhandenen, zum
Staatseigenthum gehörigen Aktivkapitalienfonds nach
Berlin übergeführt und dort nach den allgemeinen Bestimmungen und Grundsätzen als Staatsgelder verwendet
werden sollten. Da die übrigen Länder keine erheblichen
„Aktivkapitalienfonds" besaßen, so war diese Verordnung
offenbar auf Kurhessen, auf seinen Staatsschatz und Laudemialfonds gemünzt. Als diese Verordnung in Kurhessen
bekannt wurde, rief sie eine Entrüstung ohne Gleichen
hervor. Auf den Straßen Kassels blieben die Leute in
Gruppen stehen und sprachen darüber. „Das also", sagte
man, „war das Ziel preußischen Wohlwollens! Wir
haben bereits die schweren preußischen Steuern auf uns
nehmen müssen; und jetzt sollen wir auch unser Landes-
vermögen, dessen Erwerb und Erhaltung uns so viel
Kampf und Opfer gekostet hat, im preußischen Fiskus
verschwinden sehen!" Zur Rechtfertigung der Maßregel
brachte der Staatsanzeiger eine Ausführung, dahin gehend,
daß die nothwendige Verschmelzung der Staatsschulden in
den alten und neuen Landestheilen auch eine Verschmelzung
der Vermögensbestände zur Folge haben müsse. Ein
hessisches Blatt antwortete darauf, daß der Vorschlag:
„Wir wollen theilen; du nimmst die Hälfte meiner
Schulden und ich nehme dafür die Hälfte deines Vermögens" noch über die sozialistischen Lehren hinausgehe.
Die altpreußischen Blätter freilich, ohne Unterschied der
Parteien bis zum Klabberadatsch herab, sekundirten dem
Staatsanzeiger und redeten den Hessen freundlichst zu,
doch ihr Staatsvermögen ruhig fahren zu lassen.

Inzwischen wurde nun auch der Inhalt der Justiz=
verordnungen näher bekannt. Die neue Organisation
bestimmte, daß der Präsident und die Räthe des Kasseler
Oberappellationsgerichts die Bestellung zu Mitgliedern der
Appellationsgerichte, die Direktoren und Räthe der Ober=
gerichte die Bestellung zu Mitgliedern der Kreisgerichte
sich gefallen lassen müßten. Zugleich stellten die bekannt
gewordenen Berufungen für das Oberappellationsgericht in
Berlin (das aus hannoverschen, schleswig=holsteinischen,
kurhessischen, nassauischen und altpreußischen Richtern zu=
sammengesetzt und unter zwei hannoversche Präsidenten
gestellt wurde) es klar, daß die gedachte Bestimmung auf
eine große Anzahl älterer Mitglieder der hessischen Gerichte
Anwendung finden werde. Diese Maßregel, in der man
eine herabwürdigende Degradation verdienter und würdiger
Männer zu erblicken glaubte, war nicht geeignet die
Stimmung im Lande zu verbessern.

Um die Mitte Juli traten zehn in Kassel wohnhafte
Mitglieder des letzten hessischen Landtags zusammen und
entsendeten eine Eingabe an des Königs Majestät, worin
sie baten, Kurhessen zu einem ständischen Verbande zu
machen, unter Belassung seiner bisherigen Vertretung und
Erhaltung seines Landesvermögens als Provinzialfonds.
Eine Bittschrift vieler Kasseler Bürger schloß sich dieser
Bitte an. Der König weilte gegen Ende Juli zu Ems.
Dorthin gingen der Oberbürgermeister Nebelthau und
Herr von Milchling als Deputation des geheimen
Ständeausschusses. Sie empfingen eine wohlwollende Auf=
nahme und tröstende Zusagen.

Auf der Rückreise beschloß der König, Kassel zu
besuchen. Dies geschah am 15. August. Am Bahnhof

zu Wilhelmshöhe verließ der König die Bahn und zog
zu Pferde mit glänzendem Gefolge in die festlich geschmückte
Stadt. Die Bürger hatten es an einem feierlichen
Empfange nicht fehlen lassen. Bei Beantwortung der
Begrüßungsrede des Oberbürgermeisters sprach der König
unter anderem: „Es seien in letzter Zeit Irrungen vor=
gekommen, welche beseitigt werden könnten und sollten."
Zwei Tage weilte der Monarch in Kassel und gab bei
seinem Scheiden seine aufrichtige Befriedigung über den
ihm gewordenen herzlichen Empfang kund.

Das huldvolle Verhalten des Königs hatte beruhigend
und versöhnend gewirkt. Viele knüpften daran die Hoffnung,
daß beide vom Lande als tief verletzend empfundene Maß=
regeln rückgängig gemacht werden würden. Für die hessische
Justiz ging diese Hoffnung nicht in Erfüllung. Nur in
einer Beziehung suchte auch auf diesem Gebiet das Wort
des Königs mildernd zu wirken. Eine Anzahl Mitglieder
des Oberappellationsgerichts hatte an Seine Majestät eine
Eingabe gerichtet, worin sie als ihr Recht in Anspruch
nahmen, nicht ohne ihre Zustimmung an eine untere
Instanz versetzt zu werden, daß ihnen vielmehr zwischen
dieser Eventualität oder einer Disponibelstellung die Wahl
gelassen werden müsse. Der König wies den Justizminister
an, diesem Begehren Folge zu geben. Darauf wurden
die, welche also gebeten hatten, vom Grafen zur Lippe
ohne Weiteres disponibel gestellt. Diejenigen, welche in
der That beabsichtigt hatten, auch in der ihnen an=
gemutheten untergeordneten Stellung fortzudienen, mußten
nun erst um Wiederanstellung bitten. Die Mehrzahl ließ
es jedoch bei der Disponibelstellung bewenden. So endete
dieser höchste Gerichtshof nach einem hundertzwanzigjährigen,
man darf wohl sagen, ruhmvollen Bestand.

Die Angelegenheit des Staatsschatzes entwickelte sich in folgender Weise.

Nachdem man von der früher in Aussicht genommenen Zuziehung von Vertretern der betheiligten Länder bei den zu erlassenden Gesetzen bis dahin nur in dem angeführten äußerst beschränkten Maße Gebrauch gemacht hatte, hielt man doch eine solche Zuziehung in höherem Maße für geboten zur Herstellung der Gesetze für die provinzielle Organisation dieser Länder. Demgemäß wurden gegen Ende August aus Kurhessen 18 Mitglieder der letzten Ständeversammlung, darunter vier Ritter, als Vertrauensmänner nach Berlin berufen, um eine kreisständische und kommunalständische Verfassung zu berathen.

Eine Organisation der Kreise bestand in Kurhessen seit dem Jahre 1851. Der zur Vertretung des Kreises berufene „Bezirksrath" wurde in der Regel aus sechs Mitgliedern gebildet, von denen je zwei aus der Wahl der Großgrundbesitzer, der Städte und der Landgemeinden hervorgingen. Nach der neuen Kreisordnung sollten an die Stelle dieser Bezirksräthe „Kreistage" treten, für welche eine weit größere Anzahl von Mitgliedern vorgesehen war. Auch sie sollten zwar aus den Grundbesitzern, Städten und Landgemeinden hervorgehen. Aber die Vertretung der Städte war gegen die der Landgemeinden erheblich zurückgesetzt. Die Großgrundbesitzer wurden theilweise mit Virilstimmen bedacht, so daß deren Zahl unter Umständen die Hälfte der gesammten übrigen Stimmen noch überstieg. Auch dem Domänenfiskus war eine Virilstimme zugewiesen.

Was die entworfene kommunalständische Verfassung betrifft, so sollte die Vertretung des Kommunalverbandes an die bisherige Landesvertretung sich anschließen, unter

schied sich aber doch von dieser in wesentlichen Punkten.
Die bisherige Ständeversammlung bestand aus den Häuptern
der apanagirten Linien und der Standesherrschaften, aus
6 Abgeordneten der Ritterschaft und aus je 16 Vertretern
der Höchstbesteuerten, der Städte und der Landgemeinden.
Das passive Wahlrecht war an keinen Stand gebunden.
Die Wahlperiode betrug drei Jahre. Nach der neuen
Vorlage sollte nun der Kommunallandtag bestehen aus
6 Virilstimmen der Prinzen und Standesherrn und je
11 Vertretern der Höchstbesteuerten, der Städte und der
Landgemeinden. Die Wahl der Abgeordneten sollte erfolgen
durch die Mitglieder der betreffenden Standesvertretung
in den Kreistagen, und zwar aus ihrer Mitte. Die
Wahlperiode war auf sechs Jahre bestimmt.

Die Vertrauensmänner in ihrer großen Mehrzahl
hatten gegen beide Entwürfe erhebliche Bedenken. Bei
der Kreisordnung richteten diese sich namentlich gegen
das System der Virilstimmen. Bezüglich der Kommunal=
verfassung baten sämmtliche Vertrauensmänner, mit Aus=
nahme der Ritter, „die bisherigen Landstände Kurhessens
in ihrer Gesammteinrichtung als Kommunalstände für
den neu zu bemessenden Wirkungskreis fortdauern zu
lassen“. Sie legten auf diesen Antrag so großes Gewicht,
daß sie sich sogar bereit fanden, den Virilstimmen auf
den Kreistagen ihre Zustimmung zu geben, falls ihrem
Antrage in Betreff des Kommunallandtags entsprochen
werde. Am 2. September erklärte der Minister, daß dem
Lande nichts aufgedrungen werden solle, wogegen die
Mehrheit der Vertrauensmänner sich ausgesprochen habe.

Als die betreffenden Verordnungen erschienen, fanden
sich in der Kreisordnung die Virilstimmen aufgenommen.
In der Kommunalordnung war zwar der Bestand des

bisherigen Landtags auch dem neuen Kommunallandtage
zu Grunde gelegt. Es waren jedoch den 6 Virilstimmen
der Prinzen und Standesherrn noch 4 neue (eines Ver=
treters des Domänenfiskus, der Familie Riedesel, der
ritterschaftlichen Stiften und der Universität) hinzugefügt.
Es war ferner die Beschränkung der passiven Wählbarkeit
auf den „Stand“, desgleichen die sechsjährige Wahlperiode
beibehalten. Das waren tiefgreifende Aenderungen.

Den hessischen Kommunalständen wurden im All=
gemeinen die Rechte und Pflichten der altpreußischen
Provinzialstände zugewiesen. Den wichtigsten Gegenstand
ihrer Thätigkeit sollte die Verwaltung des auf den Ver=
band übergehenden Vermögens bilden. Durch Allerhöchsten
Erlaß vom 16. September 1867 wurde bestimmt, daß
der kurhessische Staatsschatz zur Verwendung für gewisse
näher bezeichnete provinziale Zwecke dem kommunalständischen
Verbande des Regierungsbezirks Kassel als „ein demselben
gehöriges und von ihm zu verwaltendes Vermögen“ über=
wiesen werde. Damit war die Verordnung vom 5. Juli
ihrem wichtigsten Gegenstande nach rückgängig gemacht.

Dagegen war die Anstrengung der Vertrauensmänner,
auch den Laudemialfonds dem Lande zu erhalten, ver=
geblich. Ein zur Verhandlung mit dem Finanzminister
erwählter Ausschuß, bestehend aus den Herrn Nebel=
thau, Zuschlag und von Milchling, kehrte mit der
Nachricht zurück, daß nichts zu erreichen sei.

Ebenso erfolglos verlief ein noch in letzter Stunde
gemachter Versuch, dem Lande seine Justizeinrichtungen
zu retten. Der einmüthig ausgesprochene Wunsch der
Vertrauensmänner, „daß bis zur Einführung einer all=
gemeinen Prozeßordnung das bisherige Zivilverfahren
beibehalten und dem Appellationsgerichte zu Kassel eine

ähnliche Stellung wie dem Celler eingeräumt werden möge", blieb unbeachtet.

Endlich wagten auch noch die Vertrauensmänner die Hoffnung auszusprechen, „daß bis zum 1. Oktober weitere in das Gebiet der Gesetzgebung einschlagende Anordnungen nicht ohne Beirath von Vertretern des Landes werden getroffen werden". Das Gesetzblatt des Monats September mit seinen zahlreichen Erlassen gab die Antwort darauf.

(Diese Darstellung der mit den Vertrauensmännern gepflogenen Verhandlungen beruht auf einem von Fr. Oetker in Nummer 2834 der „Hessischen Morgenzeitung" mit Namensunterschrift veröffentlichten Berichte, der unwidersprochen geblieben ist.)

Es ist hier nur noch Weniges hinzuzufügen über die sonstigen hessischen Vermögensbestände. In Betreff der Domänen und Regalien wurde durch Verordnung vom 5. Juli 1867 angeordnet, daß für sie „keine anderen Grundsätze gelten, als diejenigen, welche die allgemeinen staatsrechtlichen Grundsätze der Monarchie mit sich bringen".

Die Verwaltung des Hausschatzes, dessen Nutznießung dem Kurfürsten zugesagt war, verblieb bei der früheren Direktion. Nach einer Verordnung vom 22. September 1867 sollten deren Mitglieder auf den Vorschlag des Nutznießers ernannt werden. Zugleich aber wurde die Direktion unter die Aufsicht des Oberpräsidenten gestellt.

Noch vor Ablauf der Diktaturperiode hatte übrigens der berufene Thronfolger, Prinz Friedrich Wilhelm (s. oben S. 71), mit Preußen seinen Frieden gemacht. Er hatte für sich und seine Nachkommen seinen Ansprüchen auf die Regierung zu Gunsten der Krone Preußen entsagt. Durch Allerhöchsten Erlaß vom 25. September wurde hierauf bestimmt, daß nach dem Ableben des Kur-

fürsten als einstweiligen Nutznießers des Hausschatzes aus
diesem die Revenüen des zur Nachfolge berufenen Familien=
gliedes bis auf die Höhe von 205000 Thalern ergänzt
werden sollten.

Wir schließen hiermit das Gesammtbild der Diktatur=
periode in ihrer gesetzgeberischen Wirksamkeit, und haben
nur noch hinzuzufügen, daß auch die nächste Zeit noch
manches brachte, was im Verordnungswege nach preußischem
Muster geordnet wurde, weil man dazu die Ermächtigung
in diesem oder jenem Paragraphen der Diktaturgesetze
gegeben fand. Man wird vielleicht fragen, was denn
nun von dem früheren Rechtszustande des Landes ge=
geblieben sei? In der That kaum etwas anderes, als
das Privatrecht. Von größeren publizistischen Gesetzen
blieb nur die Gemeindeordnung von 1834 stehen; auch
diese vielleicht nur deßhalb, weil sie in dem Kanne=
gießer'schen Bericht ausdrücklich als erhaltungswürdig
bezeichnet war. Was sonst von dem früheren Rechte in
den neuen Zustand hineinragt, waren nur noch Trümmer
und Ruinen. Berechtigte Eigenthümlichkeiten scheint man
in Kurhessen gar nicht gefunden zu haben. Und auch
das Maß desjenigen, dessen Erhaltung „Preußen ertragen
könne", schrumpfte in den Händen der ausführenden
Beamten auf ein Geringstes zusammen. Es ist gewiß die
Absicht gewesen, den allerhöchsten wohlwollenden In=
tentionen entsprechend zu verfahren. Aber die Männer der
That unterlagen ihrer inneren Natur. So wuchs immer
ein Gesetz aus dem anderen als „nothwendig" hervor.
Und als der 1. Oktober herannahte, wurde in den
Ministerien ein wahrer Wetteifer lebendig, vor dem herauf=
ziehenden Gewitter des Landtags von der Ernte noch so
viel wie irgend möglich in's Trockene zu bringen

Die Zahl und die Titel der ergangenen Verordnungen lassen bei weitem nicht erkennen, was alles mittels ihrer in die Länder eingeführt war. Nicht allein, daß manche dieser Verordnungen ganze Reihen namentlich aufgeführter preußischer Gesetze auf einmal einführten und daß öfters noch Ausführungsverordnungen und Instruktionen folgten, sondern es enthielten auch manche Erlasse diejenige Klausel, die wir beispielsweise schon oben (S. 100) bei einzelnen angeführt haben; daß nämlich dieses oder jenes Gesetz eingeführt werde „mit allen zu dessen Erläuterung, Er= gänzung oder Abänderung ergangenen Bestimmungen". Anfangs suchte die Landesadministration die Korrektheit der Gesetzgebung dadurch zu wahren, daß sie neben dem einführenden auch das eingeführte Gesetz in dem hessischen Amtsblatt verkündigte. Im Laufe der Zeit erwies sich dies aber undurchführbar; namentlich jener salvatorischen Klausel gegenüber. Es blieb daher den neuen Unterthanen überlassen, soweit es ihnen darauf ankam, die eingeführten Gesetze mit allen erläuternden, ergänzenden und ab= ändernden Bestimmungen aus der weitschichtigen alt= preußischen Gesetzgebung sich zusammen zu lesen. Die in § 29 der Verordnung vom 13. Mai 1867 für gültig erklärten „in der Provinz Westphalen geltenden" Be= stimmungen (S. 100) stellte die Generalkommission zu Kassel im Laufe ihrer Thätigkeit aus allen möglichen älteren und neueren Gesetzen in einem fast fingerdicken Büchelchen zusammen. Das alles war mit einem einzigen Paragraphen eingeführt. In dem ersten Landtage nach der Vereinigung stellte ein hessischer Abgeordneter den Antrag, die Königliche Regierung aufzufordern, wenigstens eine offizielle Zusammenstellung der in den neuen Landes= theilen eingeführten Gesetze anfertigen zu lassen. Der

(liberale) Referent hatte auf Befürwortung, der (kon=
servative) Korreferent auf Ablehnung angetragen. Der
Antrag hatte aber das Mißgeschick, daß seine Verhandlung
so oft ausgesetzt wurde, bis er unter den Tisch fiel. Es
verlautete übrigens, daß die Regierung erklären würde,
daß sie zu einer solchen Zusammenstellung außer Stande sei.

In dieser ganzen Art der Gesetzgebung sprach sich
etwas aus, was für die Bewohner der neuen Provinzen
und insbesondere Kurhessens ganz unverständlich war. In
einer gewissen Befangenheit für den Werth des Rechtes
hatten sie geglaubt, es sei unumgänglich nöthig, daß der
Unterthan durch das Gesetz erfahre, was Recht sei. Jetzt
wurden vielfach Gesetze erlassen, die offenbar nur auf das
Verständniß der Regierenden berechnet waren. Allerdings
haben ja Verwaltungsgesetze als Rechtsnormen eine geringere
Bedeutung für den Unterthanen, wenn die Verwaltung,
wie dies damals in Preußen der Fall war, ohne jede
Rechtskontrolle ihre Wege geht. In Kurhessen konnte
man sich aber anfangs schwer in diesen Standpunkt hinein=
denken.

Selbstverständlich mußten nun zur Ausführung dieser,
nur für altpreußisches Verständniß gearbeiteten Gesetze
auch altpreußische Beamte berufen werden. Fast alle
höheren Stellen wurden mit solchen besetzt. So viel
bekannt, herrschte auch in deren Kreisen große Bereit=
willigkeit, in die neuen Provinzen überzugehen.

In der neuen Gestaltung der Dinge hatte nun Kur=
hessen fast in allen Beziehungen das Gegentheil von dem
erhalten, was es bisher gehabt hatte. Es hatte einen
Landesherrn gewonnen, dessen hohen Regententugenden
jeder auch vom rein menschlichen Standpunkte die tiefste
Verehrung zollen mußte. Ihm zur Seite stand ein hoch=

begabter Staatsmann, dessen Klugheit schon dafür bürgte,
daß es ihm aufrichtig darum zu thun war, die neuen
Länder gut zu regieren und mit ihrem Geschicke zu ver=
söhnen. Nur standen beide zu weit entfernt, als daß sie
alles hätten überblicken können. Statt einer lässigen
Regierung hatte man nun eine überaus thätige Regierung,
aber ihre Thätigkeit wurde nicht durchweg als wohlthuend
empfunden. Hatte man früher über Stockung der Gesetz=
gebung geklagt, so hatte man nun eine solche Fülle von
Gesetzen, daß niemand sie bewältigen konnte; Gesetze, die
nicht dem Lande angepaßt waren, sondern denen sich das
Land anpassen sollte. War Hessen früher ein Rechtsstaat
gewesen, so gehörte es nun einem Verwaltungsstaate an;
allerdings einem guten Verwaltungsstaate, in dem aber
auch büreaukratisches Wesen und Fiskalität weit stärker
vertreten waren, als in dem unschuldigen Kurhessen. Hatte
man früher die Gesetzgebung Hassenpflug's unerträglich
gefunden, sie jahrelang bekämpft und mit Wiederherstellung
der Verfassung sie glücklich beseitigt, so hatte man nun
die Hassenpflug'schen Einrichtungen fast durchweg wieder=
bekommen. Hatte früher mancher hessische Mann es
schmerzlich empfunden, daß er, durch die Verhältnisse
gedrängt, aus seiner Heimath scheiden und auswärts eine
Stellung sich hatte suchen müssen, so wurden nun hessische
Beamte und Offiziere in großer Zahl weit in das Land
hinausgeschickt, allerdings öfters in bessere Stellungen.
Statt der bisherigen geringen Steuern hatte man jetzt
weit größere Steuern zu zahlen; wogegen aber auch der
Staat für öffentliche Zwecke weit größere Aufwendungen
machte, als dies die überaus sparsame hessische Verwaltung
gethan hatte. Statt der bisherigen wirthschaftlichen Ge=
bundenheit besaß man nun ein großes Maß wirthschaft=

licher Freiheit, das der Entwickelung aller Kräfte Raum
gab, aber auch die Ausbeutung des Schwachen durch den
Starken in höherem Maße ermöglichte und die sozialen
Gegensätze steigerte.

Jedenfalls war diese ganze Periode sehr lehrreich für
solche, die geneigt waren, dem Rechte eine allzu hohe Be=
deutung im Staate beizulegen. Neben dem Rechte giebt
es noch eine Menge anderer Kräfte, die das Volksleben
tragen, auch wo der Rechtszustand unsicher wird. So
bewegten sich auch, trotz der Zerstörung fast des gesammten
bestehenden öffentlichen Landesrechtes, die Dinge an der
Bildfläche ohne merkliche Aenderung weiter. Und wie so
oft im Leben des Einzelnen, bewährte sich auch hier in
dem Leben des Volkes der bekannte Vers von H. Heine:

> „Anfangs wollt' ich fast verzagen
> Und ich glaubt', ich trüg es nie;
> Und ich hab' es doch ertragen.“

Schlußwandlungen.

Es kann nicht die Aufgabe dieser Schrift sein, eine ausführliche Darstellung davon zu geben, was unter preußischer Herrschaft aus Kurhessen geworden ist. Der Versuch einer in's Einzelne gehenden Vergleichung des früheren Zustandes des Landes mit dem späteren würde schon an der Schwierigkeit scheitern, für diese Vergleichung innerhalb der späteren Zeit den geeigneten Zeitpunkt zu finden, da im Laufe der Jahre, seit welchen Kurhessen zu Preußen gehört, Vieles sich wieder geändert hat. Hiernach soll in diesem Schlußabschnitt nur der weitere Verlauf einiger durch die Annexion eingeleiteter Angelegenheiten geschildert und ein allgemeiner Ueberblick über die seitdem eingetretene Lage des Landes gegeben werden.

Der Kurfürst, der nach seiner Entlassung aus Stettin zuerst in Hanau seinen Aufenthalt genommen hatte, begab sich nach einiger Zeit in seine böhmische Herrschaft Horzowitz und schlug dann in Prag seinen bleibenden Wohnsitz auf. Zur Wahl dieses Ortes bestimmte ihn ohne Zweifel die Nähe seiner gedachten Herrschaft, vielleicht aber auch die Erinnerung an seinen Großvater, der während der westphälischen Zwischenherrschaft in Prag gewohnt hatte und von dort nach siebenjähriger Verbannung auf seinen Thron zurückgekehrt war.

Ueber die Ausführung des Stettiner Vertrages gerieth der Kurfürst bald in Streitigkeiten mit den ausführenden Beamten. Er verlangte Einblick in die Verwaltung des Vermögens, dessen Einkünfte ihm zugesichert waren. Dieser wurde ihm verweigert. Ein in dieser Angelegenheit von ihm an den König gerichtetes Schreiben und eine später von dem Kabinetsrath Schimmelpfeng an den Grafen Bismarck gerichtete Beschwerde blieben ohne Erfolg. Im Weiteren aber wurden die Angelegenheiten des Kurfürsten verflochten mit denen des Königs von Hannover.

Auch mit dem König von Hannover hatte die preußische Regierung am 29. September 1867 einen Vertrag zu Stande gebracht, nach welchem dieser für alle seine Vermögensansprüche mit 16 Millionen Thaler abgefunden werden sollte. Mit großer Mühe hatte Graf Bismarck im Februar 1867 die Zustimmung des Abgeordneten= hauses zu diesem Vertrag errungen. In demselben Gesetzblatte aber, in welchem dieser Vertrag verkündet wurde, stand auch eine Königliche Verordnung vom 2. März, durch die das Vermögen des Königs, insbesondere die ihm verwilligten 16 Millionen, mit Beschlag belegt wurden. Dem im Herbst 1868 berufenen Landtage ward diese Verordnung zur Genehmigung vorgelegt. Und wiederum gelang es dem Grafen Bismarck, durch Hinweisung auf die förmlichen Kriegsrüstungen des Königs Georg, der in Frankreich eine hannoversche Legion hielt, die Zu= stimmung des Landtags zu der Beschlagnahme zu erwirken.

Nun hatte der Kurfürst zwar keine „Legion" gehalten, aber er war doch bemüht, sein Beharren auf seinen Rechten öffentlich kundzugeben. Zu dem Ende hatte er einen privatisirenden Professor der Rechte, Dr. Pernice von Göttingen, in seine Dienste genommen und nach Prag

berufen. Als zu Christtag 1867 eine Anzahl Frauen
und Jungfrauen Kurhessens dem Kurfürsten ein Geschenk
überschickt hatten, erließ dieser eine Danksagung, an deren
Schluß er die Zuversicht aussprach, daß die gewaltsame
Trennung von seinem Volke nicht von langer Dauer sein
und Hessens Schild und Wappen wieder werde aufgerichtet
werden. Diese Kundgebung wurde auch durch Zeitungen
veröffentlicht. Es erging darauf am 29. Februar 1868
— also genau um die Zeit, wo auch die Beschlagnahme
des Vermögens des Königs von Hannover erfolgte — ein
an Professor Pernice gerichtetes Schreiben eines höheren
Regierungsbeamten zu Kassel, worin gesagt war, daß,
wenn der Kurfürst weitere Kundgebungen dieser Art
erlassen sollte, die Königliche Regierung entschlossen sei,
sein gesammtes in Preußen befindliches Vermögen mit
Beschlag zu belegen. Der Kurfürst ließ zunächst hiergegen
durch seinen Kabinetsrath eine Verwahrung richten. Noch
in demselben Jahre erschien dann eine von Pernice aus-
gearbeitete ausführliche „Denkschrift Seiner Königlichen
Hoheit des Kurfürsten, betreffend die Auflösung des
Deutschen Bundes und die Usurpation des Kurfürstenthums
durch die Krone Preußen". Diese enthielt eine umfassende Darstellung der einschlagenden thatsächlichen und
rechtlichen Verhältnisse nach der Auffassung des Kurfürsten.

In sehr entschiedenen Ausdrücken wurde darin die
blutige Katastrophe des Jahres 1866 als eine Zerreißung
des deutschen Vaterlandes und ein schweres Unrecht bezeichnet, wider das der Kurfürst an das Gewissen Europas
Appellation erheben wolle. Der Schluß lautete: „Seine
Königliche Hoheit vertraut unter wiederholtem feierlichen
Protest gegen die Ihm angethane Vergewaltigung auf das
unbefangene Urtheil aller Berufenen, auf die thatkräftige

Sympathie der maßgebenden Mächte, auf das Walten
der göttlichen Gerechtigkeit." Diese in deutscher und fran-
zösischer Ausgabe erschienene Schrift übersandte der Kurfürst an viele Höfe und Regierungen, mehrere Exemplare
auch durch seinen Kabinetsrath an das preußische Ministerium
des Auswärtigen mit dem Antrage, die Schrift Seiner
Majestät dem Könige zur Kenntniß vorzulegen. (Beim
Brande des Schlosses von St. Cloud wurde auch dort
ein mit Goldschnitt versehenes Exemplar vorgefunden.)

Diese Denkschrift gab Veranlassung, gleichzeitig mit
der Vorlage der wider König Georg erlassenen Beschlag-
nahme=Verordnung dem Landtage auch den Entwurf eines
Gesetzes vorzulegen, wonach in gleicher Weise das Vermögen
des Kurfürsten mit Beschlag belegt werden sollte. Die
Motive bezeichneten die Denkschrift als ein Majestäts-
beleidigungen, Verleumbungen und Beleidigungen preußischer
Behörden und Beamten, sowie Schmähungen gegen Staats-
einrichtungen enthaltendes, in seinen letzten Zwecken aber
auf hoch= und landesverrätherische Unternehmungen gerichtetes Elaborat, gegen welches die Vermögensbeschlag-
nahme als Akt staatlicher Nothwehr geboten sei.

In beiden Beschlagnahme=Anordnungen war gesagt,
daß aus dem beschlagnahmten Vermögen, mit Ausschließung der Rechnungslegung, die Kosten der Beschlagnahme und der Verwaltung, sowie die Maßregeln zur
Ueberwachung und Abwehr der gegen Preußen gerichteten
Unternehmungen des Königs und des Kurfürsten zu bestreiten seien. Kurz darauf, nachdem die Vorlage beim
Landtage erfolgt, die Sache aber noch nicht verhandelt
war, veröffentlichte am 16. Dezember 1868 Fr. Oetker
einen Artikel in der „Morgenzeitung", worin er darauf
hinwies, daß bei der Theilung des Vermögens zwischen

Fürst und Land im Jahre 1831 auf die Einkünfte des Hausschatzes mannigfache Verbindlichkeiten im Interesse des Landes übernommen, aber von dem Kurfürsten gar nicht oder nur sehr unvollkommen erfüllt seien, eine Beschlagnahme des Vermögens aber vor allem die Möglichkeit gewähren würde, die Erfüllung dieser zum öffentlichen Besten gereichenden Verpflichtungen nachzuholen.

Bei der am 30. Januar 1869 im Abgeordnetenhause gepflogenen Verhandlung begründete Graf Bismarck selbst das Gesetz in längerer Rede. Die Regierung habe die Pflicht, dafür zu sorgen, daß der Frieden und das Vertrauen auf den Frieden nicht gestört werde. Ueber juristische Zwirnsfäden werde sie dabei nicht stolpern. Die Agitationen der vertriebenen Fürsten in den letzten Jahren habe genau im Verhältniß gestanden zu dem Maße, in welchem der europäische Frieden bedroht gewesen sei. Dies kennzeichne ihre Gefährlichkeit. Es sei nicht gerechtfertigt, den Fürsten die Mittel zu belassen, durch welche sie diese Agitationen betreiben. Zum Schluß sagte Graf Bismarck: „Ueberall, wo Fäulniß ist, stellt sich ein Leben ein, welches man nicht mit reinen Glacéhandschuhen anfassen kann. Dieser Thatsache gegenüber sprechen Sie doch nicht von Spionirwesen! Ich bin nicht zum Spion geboren meiner ganzen Natur nach; aber ich glaube, wir verdienen Ihren Dank, wenn wir uns dazu hergeben, bösartige Reptilien zu verfolgen bis in ihre Höhlen hinein, um zu beobachten, was sie treiben. Damit ist nicht gesagt, daß wir eine halbe Million geheimer Fonds brauchen können; ich hätte keine Verwendung dafür und möchte die Verantwortung für solche Summen nicht übernehmen. Es werden sich andere Verwendungen finden, die Ihre nachträgliche Genehmigung und Zustimmung finden werden. Auf dem

Hessischen Hofvermögen haften, wie man sagt, Ver=
pflichtungen dem Lande gegenüber, Baupflichten, die über=
nommen worden sind. Es wird eine Ehrenpflicht der
Regierung sein, wenn sie in dem Besitz der Fonds ist,
solche Schulden zu tilgen, aber machen Sie uns aus dem
bedauerlichen Zwange, daß wir Gelder auch zu anderen
Zwecken verwenden müssen, keinen Vorwurf; probiren Sie
selbst erst, ob Sie Pech anfassen können, ohne sich zu
besudeln!"

Es war nicht schwer, dem Kurfürsten von Hessen
gegenüber die preußische Landesvertretung von der Noth=
wendigkeit einer Beschlagnahme zu überzeugen. Mit
großer Mehrheit stimmte das Abgeordnetenhaus ihr zu.
Von den hessischen Abgeordneten verließen einige den
Saal, andere stimmten dagegen. Das Beschlagnahmegesetz
wurde am 15. Februar 1868 erlassen und demnächst
vollzogen.

Gegen diesen Erlaß richtete der Kurfürst von Neuem
eine als „Protest und rechtliche Verwahrung" bezeichnete
Denkschrift, die in noch entschiedeneren Ausdrücken die
preußischen Maßnahmen als Unrecht bezeichnete. Ein
Erfolg hat sich hieran, soviel bekannt ist, nicht geknüpft.

Waren auch mit dem Ausgang des französischen
Krieges die staatsfeindlichen Unternehmungen der deposse=
dirten Fürsten minder gefährlich geworden, so blieben
doch die Beschlagnahmen aufrecht erhalten. Im Ab=
geordnetenhause beklagten nun Viele, daß durch sie der
Regierung ein überaus großer Dispositionsfonds gegeben
sei, der sich dem Budgetrecht des Landtags entziehe. In
Anknüpfung an die gedachten Worte Bismarck's begann
man mit einem gewissen bitteren Humor die fraglichen
Vermögensbestände als „Reptilienfonds" zu bezeichnen.

Und da man annahm, daß aus demselben vor allem
zahlreiche Preßagenten der Regierung besoldet würden,
nannte man nun auch diese Klasse von Menschen „Rep=
tilien". Ein seltsames Beispiel politischer Sprachver=
schiebung.

Ein erheblicher Theil der durch die Beschlagnahme
verfügbar gewordenen kurfürstlichen Gelder wurde übrigens,
der von Fr. Oetker gegebenen Anregung entsprechend,
in einer für das hessische Land wohlthätigen Weise ver=
wendet. Der Neubau der Bildergallerie, verschiedene Neu=
bauten und Herstellungen in dem Kasseler Auepark, der
stilvolle Wiederausbau des Marburger Schlosses, in welches
das hessische Staatsarchiv verlegt wurde, Verbesserungen
in den Straßen Kassels und ähnliche dem Lande zu
Nutzen kommende Aufwendungen sind unwidersprochen aus
jenen Geldern bestritten worden. Dem Zweifel, ob diese
Ausgaben den im Beschlagnahmegesetz bezeichneten Zwecken
vollkommen entsprechen, steht jedenfalls die Thatsache gegen=
über, daß bereits bei den Verhandlungen im Landtage
Graf Bismarck eine derartige Verwendung offen in
Aussicht gestellt hatte.

Am 6. Januar 1875 starb der Kurfürst zu Prag.
Seine Leiche ward nach Kassel übergeführt und hier unter
großer Betheiligung der Bevölkerung auf dem alten Fried=
hofe neben den Gräbern seiner Mutter und seiner Schwester
beigesetzt. Noch jetzt pflegen seine alten Anhänger sein
Grab alljährlich an seinem Geburtstage mit Kränzen
und Blumen zu schmücken.

Mit dem Tode des Kurfürsten erachtete die preußische
Regierung die ihm durch den Vertrag vom 17. September
1866 belassenen Nutznießungs= und Forderungsrechte für
erloschen und die betreffenden Vermögensbestände als in

das unbeschränkte Eigenthum des Staates übergegangen. Sie erkannte jedoch es als Pflicht an, die bisher aus diesen Vermögensbeständen bestrittenen Lasten des kurfürst= lichen Hofes auch fernerhin zu bestreiten. Sie rechnete dahin zunächst die Besoldungen und Pensionen der früheren Hofbeamten und Hofdiener. Sie rechnete aber auch dahin die Unterhaltung derjenigen zum Hausfideikommisse ge= hörigen Besitzungen und Anstalten, welche Kunst= oder sonstigen gemeinnützigen oder öffentlichen Zwecken gewidmet sind. „Es handelt sich hierbei namentlich um die Bilder= gallerie, das Museum, das Theater, das Orangerieschloß mit dem Marmorbade und dem Auepark bei Kassel, sowie um die Besitzung Wilhelmshöhe. Es versteht sich von selbst, daß diese berühmten Schöpfungen der früheren Landesherrn, an deren unveränderten Fortbestand sich die wichtigsten Interessen der Stadt und des Regierungs= bezirks Kassel knüpfen, nicht in Verfall gerathen dürfen, sondern auch unter der preußischen Regierung in der bisherigen Art zu erhalten sein werden." So besagte eine Denkschrift der Regierung, welche im Jahre 1875 die Vorlage eines Etats über die Verwaltung des vor= maligen hessischen Hausfideikommisses begleitete. In den Etat waren die nöthigen Ausgaben für jenen Zweck voll= ständig aufgenommen. Sie fanden beim Landtag ohne Widerspruch Annahme.

Die Beschlagnahme des kurfürstlichen Vermögens, die außer den durch Vertrag vom 17. September 1866 dem Kurfürsten belassenen Nutzungsrechten auch noch einige andere, wenn auch unbedeutende Gegenstände ergriffen hatte, wurde förmlich aufgehoben durch Gesetz vom 26. Juli 1875. Landgraf Friedrich Wilhelm wurde nun in den Be= sitz der ihm durch Erlaß vom 25. September 1867 (S. 111)

zugesicherten Einkünfte gesetzt. Das noch vorhandene,
lediglich in Mobilien bestehende, in verschiedenen Hof=
gebäuden zurückgebliebene Privatvermögen des Kurfürsten
wurde seinen Erben ausgehändigt. Eine Klage mehrerer
dieser Erben auf „Rechnungsablage" über das beschlag=
nahmte Vermögen, soweit dasselbe nicht zu „Maßregeln
der Ueberwachung und Abwehr ꝛc." verwendet worden sei,
wurde vom Kompetenzgerichtshof für unzulässig erklärt.

Aber noch ein anderer Prozeß wurde über das landes=
herrliche Vermögen Hessens angestrengt. Da das preußische
Gesetz vom 5. Mai 1872 bestimmt hatte, daß alle Fidei=
kommißrechte an Grundeigenthum in den Grundbüchern
eingetragen werden müssen, so erhob die Hessen=Philipps=
thal'sche Nebenlinie des Kurhauses Klage auf Feststellung
ihres fideikommissarischen Eigenthums an dem gesammten
Hausfideikommißvermögen. Sie nahm dieses als ein
Privatvermögen der hessischen Fürsten in Anspruch. In
diesem mit Aufwendung großer juristischer Kräfte geführten
Prozeß erlangten die Kläger in erster Instanz ein obsiegliches,
in zweiter Instanz ein zurückweisendes Urtheil. Ehe die
Sache an die dritte Instanz gelangte, kam ein Vergleich
zu Stande, wodurch den Klägern aus dem fraglichen Ver=
mögen eine jährliche Rente von 300 000 Mark vom
1. Januar 1880 ab, so wie auch die Benutzung bestimmter
in Hessen gelegener Schlösser zugesichert wurde.

Bei der Verhandlung über diesen Vertrag im Ab=
geordnetenhause (am 10. Februar 1881) kam auch die
Frage zur Erörterung, inwieweit die Einkünfte des Haus=
schatzes von den nunmehr ihn belastenden Zahlungen
erschöpft werden. Finanzminister Bitter gab den Ueber=
schuß der Hausschatzverwaltung zu 831 633 Mark an.
Davon beziehe der Landgraf von Hessen 616 015 Mark.

Der Rest von 215 618 Mark werde allerdings durch die
darauf gelegte Rente von 300 000 Mark um 84 382 Mark
überschritten. Schon jetzt müsse aber an den Prinzen eine
Apanage von 69 000 Mark bezahlt werden. Es ergebe
sich also nur ein Fehlbetrag von 15 382 Mark. Da
aber auf den Hausschatz auch 27 637 Mark Pensionen
angewiesen seien, so werde, sobald diese wegfallen, ein
Ueberschuß von 10 000 bis 12 000 Mark verbleiben. Von
anderer Seite wurde noch darauf hingewiesen, daß die
preußische Staatskasse auch schon eine Reihe von Jahren
hindurch die Einkünfte des Hausschatzes voll bezogen habe.

Die durch die gedachte Regierungsdenkschrift anerkannten,
auf dem landesherrlichen Vermögen lastenden Verpflichtungen
hat die preußische Regierung treulich erfüllt. Die Kunst=
sammlungen, die weltberühmten Anlagen von Wilhelms=
höhe und des Aueparks, das Theater in Kassel werden in
musterhafter Verwaltung und Pflege gehalten. Mit gleicher
Liberalität, wie die Museen Berlins, sind die Kunstschätze
Kassels dem Publikum geöffnet. Die nicht sehr umfang=
reiche, aber höchst werthvolle Bildergallerie, die bis dahin
in den Räumen des Bellevueschlosses eine wenig günstige
Aufstellung gefunden hatte, ist in ein schönes, prachtvoll
gelegenes neues Gebäude übergeführt. Erbaut ist dieses
Gebäude nach dem Plane des hessischen Baumeisters
Heinrich von Dehn=Rotfelser, ausgeschmückt im
Aeußern und Innern durch werthvolle Arbeiten hessischer
Künstler. Zum Bau verwendet sind die schönen Steine
der im Ausbau als Ruine liegen gebliebenen Kattenburg.
Alles, was die preußische Regierung auf diesem Gebiete
für das Land gethan hat und noch heute thut, verdient
die vollste Anerkennung.

Das Schicksal des Kurfürsten, der, seiner Herrschaft

und des größten Theils seiner Einkünfte verlustig, in fremdem Lande lebte und starb, ist von manchen Seiten sehr beklagt worden. Es war in der That, wenn man sich in die Seele dieses von Fürstenstolz so sehr erfüllten Mannes hineindenkt, traurig. Erwägt man aber, wie dieser Mann des Unheils so manchem vortrefflichen hessischen Mann in ganz ähnlicher Weise das Schicksal bereitet hatte, daß er fern von seiner theuern Heimath leben und sterben mußte, so wird man in dem Geschicke, das ihn betraf und das er selbst durch seinen unsäglichen Egoismus über sich heraufbeschworen hatte, das Walten einer höheren Gerechtigkeit nicht verkennen. Uebrigens besaß der Kurfürst Vermögen genug, um auch nach der Beschlagnahme seine Hofhaltung in entsprechender Weise fortzuführen. Die beschlagnahmten Einkünfte würden daher, wenn sie ihm verblieben wären, nur zu Zwecken gedient haben, für die auch seine früheren Ersparnisse gemacht wurden und für die von jeher nur Wenige sich erwärmen konnten. Nach glaubhaften Angaben hat der Kurfürst ein Vermögen von 7 254 510 Mark hinterlassen, das unter seine neun Kinder vertheilt wurde. (Darin wird jedoch der große Werth der Herrschaft Horzowitz nicht begriffen sein.) Dieses beträchtliche Vermögen war also im Laufe der Regierung des Kurfürsten aus dem Lande herausgezogen und lediglich für seine Privatinteressen aufgespart. Auch die einige Jahre später verstorbene Gemahlin des Kurfürsten hat ein nicht unbedeutendes Vermögen hinterlassen, das in gleicher Weise entstanden war.

Das Institut, das vorzugsweise bestimmt schien, das Sonderleben des hessischen Landes fortzuführen, war der hessische Kommunallandtag. Ausgestattet mit dem dem Lande belassenen und dadurch die Natur eines Stiftungs-

vermögens an sich tragenden hessischen Staatsschatze, hatte
der Kommunallandtag die Aufgabe, eine Anzahl provin-
zieller Angelegenheiten selbständig, wenn auch unter
Aufsicht der Staatsregierung, zu verwalten. Als Zwecke
der Verwendung waren durch den Allerhöchsten Erlaß
von 1867 bezeichnet: Unterstützung des Chaussee= und
Landwegebaues, Unterhaltung der Landeskrankenanstalten
und Anlegung einer Irrenanstalt, Anlegung und Unterhaltung einer Arbeitsanstalt für Landstreicher und Bettler,
Bestreitung der Kosten der Landarmenpflege, Unterhaltung
und Ergänzung der Landesbibliothek. Außerdem war
vorbehalten, „ähnliche Zwecke" der Verwendung demnächst
durch die Gesetzgebung festzustellen. Als nun der inzwischen für Hannover geschaffene Provinzialfonds eine
erweiterte Zweckbestimmung gefunden hatte, wurden durch
ein Gesetz vom 25. März 1869 auch die Verwendungs=
zwecke des hessischen Schatzes durch Aufzählung folgender
Gegenstände erweitert: Bestreitung der Kosten des Kommunallandtags und der kommunalständischen Verwaltung,
Unterstützung milder Stiftungen, Armen=, Wohlthätigkeits=
und Rettungsanstalten, Vermehrung der Krankenhäuser,
Uebernahme von 11 000 Thalern, die bisher der Staat
zur Unterstützung der Armenpflege geleistet hatte, Uebernahme des Taubstummeninstitutes zu Homberg, Bestreitung der Unterhaltungskosten für elternlose unvermögende
Kinder (die bis dahin theilweise der Staat getragen hatte);
Bildung eines Fonds für Zuschüsse zu Landesmeliorationen.
Es liegt auf der Hand, daß schon durch diese neue Be-
lastung mit Ausgaben, die bisher vom Staate getragen
wurden, der Werth des Landesschatzes für das Land sich
minderte. Neben dem Taubstummeninstitut zu Homberg
wurden von staatlichen Anstalten dem Kommunalverband

zugewiesen: die beiden Landeshospitäler zu Haina und
Merxhausen, ferner die Krankenhäuser zu Kassel, Marburg
(das Krankenhaus zu Marburg verblieb jedoch vergleichs=
weise in der Verwaltung der Universität), Hanau, Rinteln
und Schmalkalden.

Von sonstigen Staatsanstalten gingen auf den Kom=
munalverband über: die Landeskreditkasse (1869), die Leih=
häuser zu Kassel, Fulda und Hanau (1872) und die
hessische Brandkasse (1879). Eine Anzahl anderer An=
stalten für wohlthätige Zwecke wurde von dem Kommunal=
verband selbständig gegründet.

Der Kommunalverwaltung ward folgende Einrichtung
gegeben: Für die Verwaltung des Vermögens und der
Anstalten wurde ein ständiger Verwaltungsausschuß aus
10 Mitgliedern des Kommunallandtags gebildet. Für
die laufende Verwaltung wurde vom Kommunallandtag
ein Landesdirektor mit einer Anzahl untergeordneter
Beamter bestellt.

Man kann nicht sagen, daß der Kommunallandtag
und sein geschäftsleitender Ausschuß, wie sie bis zum
Jahre 1885 bestanden, bei dem höher gebildeten Theile
der Bevölkerung besonderer Beliebtheit sich erfreut hätten.
Dank der verfehlten Organisation herrschten in ihnen die
Ritter und die Bauern, welche in ihrer Vereinigung oft
sehr einseitigen Interessen huldigten. In dieser ersten
Bethätigung hat hiernach die Selbstverwaltung in Hessen
nicht sehr glücklich gewirkt. Im Jahre 1885 hat eine
Umgestaltung des Kommunallandtags stattgefunden, und
es ist zu hoffen, daß daraus eine befriedigende Verwaltung
der provinziellen Interessen hervorgehen wird.

Die Belassung des Staatsschatzes als eines dem Kom=
munalverbande zugehörigen Vermögens war ohne Zweifel

gegeben und hingenommen worden in der Bedeutung eines
dem hessischen Lande bei der Vermögensausgleichung mit
Preußen zu gewährenden Vorzugs. Thatsächlich ist dieser
Vorzug dem Lande zum großen Theile wieder genommen
worden, indem man nach und nach auch sämmtliche übrigen
Provinzen mit Provinzialfonds für die nämlichen Zwecke
aus Staatsmitteln ausgestattet hat.

Bereits im Landtage von 1867 wurde ein Gesetzentwurf vorgelegt, wonach der Provinz Hannover eine
jährliche Summe von 500 000 Thalern aus Staatsmitteln
für Provinzialzwecke überwiesen werden sollte. Der Entwurf wurde in eifrigster Weise vom Grafen Bismarck
vertheidigt, wobei dieser auch auf den darin sich verwirk-
lichenden Gedanken einer Dezentralisation der Verwaltung
hinwies, zu deren Ausführung „die fanatische Liebe der
Kurhessen zu ihrem Staatsschatze" den ersten Anstoß gegeben habe. Der Entwurf wurde mit einer knappen
Mehrheit angenommen.

Als dann nach Beendigung des französischen Krieges
reiche Geldmittel flüssig geworden waren, schritt man zu
einer gleichen Ausstattung auch der übrigen Provinzen.
Zunächst ward (1872) dem Regierungsbezirke Wiesbaden
eine Summe von jährlich 142 000 Thalern, sowie ein
Kapital von 46 380 Thalern überwiesen. Dann aber
erhielten durch Gesetz vom 8. Juli 1875 sämmtliche noch
übrigen Provinzen für provinzielle Zwecke jährliche Zu-
wendungen aus der Staatskasse, ferner eine Anzahl kleinerer
schon bisher den Interessen der Provinz dienender Fonds,
desgleichen eine große Anzahl bisher unter Staatsverwaltung stehender Anstalten zur Selbstverwaltung zugewiesen. Bei dieser Zutheilung ging man, wie die Motive
des Gesetzes sagten, von folgenden Grundsätzen aus. Man

hatte berechnet, daß von den Dotationen der bereits
dotirten Provinzen auf den Kopf der Bevölkerung in
Kurhessen eine Rente von 13 Sgr., in Nassau von
8,2 Sgr., in Hannover von 7,8 Sgr. falle. Da, wie
man anerkannte, die Dotation von Kurhessen auf beson=
deren Verhältnissen beruhe, so nahm man die Dotation
von Hannover als den Maßstab auch für die Dotation
der übrigen Provinzen. Und zwar glaubte man die
Vertheilung am gerechtesten zu bewirken, wenn man zur
Hälfte die Bevölkerungszahl, zur Hälfte den Flächeninhalt
der Provinz als Grundlage nehme. Nach diesem Maß=
stab wurden nun sämmtlichen Provinzen Provinzialfonds
zugetheilt.

Darf man annehmen, daß die Zwecke, für die einerseits
die Einkünfte des Staatsschatzes, andererseits die den übrigen
Provinzen zugewendeten Dotationen bestimmt sind, im
Wesentlichen sich decken, so besteht also der Vorzug, der
dem Hessenlande verblieben ist, in der Differenz der jähr=
lichen Rente von 7,8 Sgr. und 13 Sgr., also in
5,2 Sgr. auf den Kopf der Bevölkerung. Das macht,
nach der Bevölkerung von 1871 berechnet, einen Mehr=
betrag von etwa 396 000 Mark, die der hessische Kommunal=
verband vor den übrigen Provinzen voraus hat. Dieser
Betrag ist es also, was dem hessischen Lande von dem
Reichthum seines Staatsvermögens (das allein an Kapital=
zinsen gegen anderthalb Millionen Mark ertrug) ge=
blieben ist.

Trotz so manches Schmerzlichen, was die Diktatur=
periode über Hessen gebracht hatte, ließ sich doch die
Bevölkerung in ihrer großen Mehrzahl nicht dergestalt
verbittern, daß sie dem nationalen Gedanken untreu ge=
worden wäre. Allerdings gab es noch eine kleine Partei,

die der Sache des Kurfürsten ergeben war, und sie besteht in ihren Ueberresten auch heute noch. Sie bildete sich vorzugsweise aus den Anhängern Hassenpflug's und Vilmar's, aus reaktionären Beamten und orthodoxen Geistlichen. Wunderbarer Weise gingen Hand in Hand mit dieser Partei die alten hessischen Demokraten, die jetzt das kurfürstliche Regiment herrlich fanden, weil ihnen das preußische noch weniger gefiel. Zu irgend welchem Einfluß ist jedoch diese Partei nicht gelangt, wie sich am deutlichsten bei den Wahlen zeigte.

Die Stimmung der Bevölkerung im Ganzen gab sich kund bei den wiederholten Besuchen König Wilhelm's I. in Kassel und in Hanau. Namentlich bei dem letzten Besuche, als der König, kaum genesen von schwerem Leiden, im September 1878 nach Kassel kam, hatte sich die Stadt geschmückt, wie nie zuvor, und man that, was irgend das Herz des greisen Monarchen erfreuen konnte. Man darf auch sagen, daß dies alles von Herzen kam. Auch die Thatsache, daß der berufene Thronfolger im Jahre 1874 seine beiden Söhne den Lehranstalten Kassels anvertraute, war geeignet, das geistige Band zwischen der Provinz Hessen und dem neuen Herrscherhause fester zu knüpfen.

Durchaus patriotisch war das Verhalten der hessischen Bevölkerung bei dem französischen Kriege. Als nach den verhängnißvollen Tagen von Ems König Wilhelm nach Berlin zurückkehrte, war Kassel die erste größere Stadt, die er berührte. Tausende von Menschen hatten sich auf dem Bahnhof eingefunden und begrüßten den König mit enthusiastischen Zurufen. Der Stadtrath Kassels überreichte eine kurzgefaßte patriotische Ansprache. So war es die Bevölkerung einer neuen Provinz, die dem Monarchen zuerst die freudige Ueberzeugung gewährte, daß sein würde=

volles Verhalten frevelhaftem Uebermuthe gegenüber im
deutschen Volke volles Verständniß gefunden habe. Dem
entsprach auch die Theilnahme Hessens an dem Kriege.
Hessische Regimenter kämpften bei Weißenburg, Wörth
und Sedan, und die 22. Division, welche in dem blutigen
Feldzug an der Loire 22 Schlachten schlug, bestand zum
großen Theil aus hessischen Landeskindern. Mit ungeheuerem
Jubel wurde jede Siegesnachricht in der Heimath auf=
genommen. Frohlockende Volkshaufen durchzogen mit Musik
Abends die Straßen Kassels. Auch an freigiebiger Für=
sorge für die durchziehenden und im Felde stehenden
Truppen, sowie an hingebender Pflege für die Verwundeten
ließ es die hessische Bevölkerung nicht fehlen. Dem in
Wilhelmshöhe weilenden gefangenen Franzosenkaiser gegen=
über bewahrten die Bewohner Kassels eine durchaus takt=
volle Haltung.

Die Gründung des norddeutschen Bundes und mehr
noch die Schaffung des Deutschen Reiches begegnete in
Hessen der freudigen Zustimmung der großen Mehrheit.
Während Hannover seine Welfen und Schleswig=Holstein
seine verstimmten Partikularisten in Reichstag und Land=
tag entsandte, fielen die hessischen Wahlen fast durchweg
zu Gunsten der nationalliberalen Partei aus. So haben
die hessischen Abgeordneten, wenn sie auch keine hervor=
ragenden Redner aufzuweisen hatten, lange Jahre hindurch
an der fruchtbringenden Thätigkeit positiv mitgewirkt, die
der norddeutsche und später der deutsche Reichstag in der
Gesetzgebung geübt hat. Erst die Wandelung der deutschen
Verhältnisse, die durch die Ereignisse des Jahres 1878
eingeleitet wurde, rief Wahlen anderer Art hervor. Ungleich
schwieriger als im Reichstage war die Stellung der hessischen
Abgeordneten im preußischen Landtage. Hier setzte sich der

Verschmelzungsprozeß der neuen Provinzen mit Altpreußen fort; was für die Abgeordneten dieser Provinzen öfters zu schmerzlichen Konflikten führte. Es war ein etwas zweifelhafter Trost, daß sie dabei gewahr wurden, wie die Tendenz, aus der die Diktaturgesetzgebung hervorgegangen war, nicht blos in den Regierungskreisen, sondern auch in der preußischen Volksvertretung, und in dieser nicht minder bei den liberalen, wie bei den konservativen Parteien, herrschte, und daß es daher den neuen Provinzen kaum besser ergangen sein würde, wenn in der Diktaturperiode statt des Grafen zur Lippe und des Herrn von der Heidt die Herren Waldeck und Twesten Minister gewesen wären. Ueberhaupt zeigte sich, daß der hessische Liberalismus doch nicht mit dem altpreußischen ganz kongruent war. Jener war nüchterner und realistischer und wußte sich in das mehr Ideale und Provinzielle des letzteren nicht immer hineinzufinden.

Es ist anzuerkennen, daß die Regierung bereit war, zur Beseitigung nicht gewollter Mißstände, die aus der übereilten Diktaturgesetzgebung hervorgegangen waren, die Hand zu bieten. Eine Stütze im Landtag fanden auch hierbei die hessischen Abgeordneten nur in geringem Grade. Vorlagen der fraglichen Art wurden in der Regel vor leeren Bänken verhandelt. Es liegt ja auch in der Natur der Dinge, daß ein kleines Land, wenn es in einem Groß=staat aufgegangen ist, in diesem für seine besonderen Ver=hältnisse nur wenig Interessen findet.

Ein beklagenswerthes Nachspiel der Annexion zeigte sich auf dem Gebiet der kirchlichen Verhältnisse. Für jeden Unbefangenen konnte es nicht zweifelhaft sein, daß die Kirchengewalt, die seit der Reformation in Kurhessen der Landesherr geübt hatte, mit der Staatsgewalt auf

die Krone Preußens übergegangen war. In den ortho=
doxen Kreisen Kurhessens, in denen die preußische Herrschaft
tief verhaßt war, wurde aber eine andere Lehre aufgestellt.
Die Kirchengewalt, sagte man, sei nicht miterobert worden.
Die hessische Kirche sollte nunmehr selbständig geworden
sein und in der Kirchenordnung von 1657 ihren endgültigen
Abschluß gefunden haben. Danach wurde der preußischen
Regierung das Recht bestritten, irgend eine Aenderung in
der hessischen Kirchenverfassung herbeizuführen.

Diese Anschauungen wurden zunächst geltend gemacht,
als der Kultusminister von Mühler im Jahre 1869
unternahm, der hessischen Kirche eine Presbyterial= und
Synodalverfassung zu geben. Die Orthodoxen protestirten
eifrig dagegen, und wunderbarer Weise hatten ihre Be=
strebungen diesmal auch Erfolg. Nachdem eine in Kassel
berufene außerordentliche Synode die Verfassung berathen
hatte, gelangte die Sache an den Landtag. Trotzdem, daß
die hessischen Abgeordneten hier lebhaft für sie eintraten,
fiel sie durch die Vereinigung der äußersten Rechten, des
Zentrums und der vorgeschrittenen Linken. Die letztere
wollte dem ihr verhaßten Minister keinen Erfolg gönnen.
(Es war dies wohl das erste Beispiel für Beschlüsse, wie
sie später noch mehrfach im deutschen Reichstag, seitdem
die Mittelparteien darniederlagen, vorkamen.) Nachdem
dieser Versuch gescheitert war, sah sich gleichwohl nach
einigen Jahren die Regierung schon aus geschäftlichen Rück=
sichten genöthigt, die bisher bestehenden drei Konsistorien
zu Kassel, Marburg und Hanau zu einem Gesammt=
konsistorium in Kassel zu vereinigen. Auch schon in dieser
rein formellen Umgestaltung der kurhessischen Aufsichts=
behörden erblickten die Orthodoxen einen Eingriff in die
Selbständigkeit der hessischen Kirche und eine Gefährdung

ihres Bekenntnißstandes. Sie weigerten sich, das neue
Konsistorium anzuerkennen, und trieben ihre Renitenz so
weit, daß schließlich eine Anzahl Geistlicher von ihren
Stellen entlassen werden mußte. Es ist ja nicht zu
bezweifeln, daß diese Männer ein solches Opfer ihrer
Ueberzeugung bringen zu müssen geglaubt haben, und
insofern sind sie in der That zu bemitleiden. Der ganze
Vorgang zeigt aber, zu welchem thörichten Fanatismus
die Orthodoxie ihre Anhänger verleiten kann. Das ver-
einigte neue Konsistorium hat sich für den Bekenntnißstand
der hessischen Kirche völlig unschädlich erwiesen.

Betrachten wir den Zustand des Landes, wie er sich
unter der preußischen Herrschaft entwickelt hat, im Allgemeinen, so ist es unzweifelhaft, daß in den größeren
Städten der Wohlstand bedeutend gestiegen ist. In weiten
Kreisen erfreut sich die Bevölkerung eines Wohllebens,
wie man es früher nicht gekannt hat. Auch die Beamten
beziehen weit höhere Besoldungen; noch weit über die
Grenze derjenigen Erhöhung hinaus, die durch den veränderten Werth des Geldes zur Nothwendigkeit geworden
war. Wieviel von diesem erhöhten Wohlstande auf
Rechnung des allgemeinen Umschwungs in den deutschen
Verhältnisse zu setzen und wieviel davon das besondere
Verdienst der preußischen Regierung sei, ist schwer zu
sagen. Aber wir dürfen nicht vergessen, daß auch der
allgemeine Umschwung mit der Schaffung des Deutschen
Reiches zusammenhängt und daß diese in erster Linie ein
Verdienst Preußens ist.

Zweifelhafter ist, ob auch der Wohlstand auf dem
Lande und in den kleineren Städten sich gehoben habe;
ob namentlich die vermehrten Lasten des Landmanns
durch entsprechende Vortheile ausgeglichen worden seien.

Die in vielen Gemeinden durchgeführte Zusammenlegung der Grundstücke hat im Allgemeinen gewiß wohlthätig gewirkt, namentlich den größeren Grundbesitzern erhebliche Vortheile gebracht. Die Ablösung der Waldbdienstbar= keiten ist wohl mehr zu Gunsten der Waldeigenthümer, also namentlich des Fiskus, als der Gemeinden aus= gefallen und hat letztere mitunter geschädigt. Noch schäb= licher hat es für manche Gemeinden gewirkt, daß man eine Theilung der Gemeindewälder unter die Interessenten eingeleitet hat. Daburch sind einzelne Gemeinden um ihre Wälder gekommen, da die Bauern den getheilten Wald sofort abholzten und nun eine wüste Fläche an die Stelle trat. Erst ein Gesetz von 1877 hat diesen Waldtheilungen wieder ein Ende gemacht. Auch die Holz= berechtigungen der Landbewohner am Staatswalde hat man mehr und mehr einzuengen gesucht. Nachdem schon ein Gesetz in dieser Richtung ergangen und auch noch weitere derartige Versuche gemacht waren, wurde abermals dem Landtage von 1879/80 ein Gesetzentwurf vorgelegt, wonach die Holznutzungen den Berechtigten fortan nur noch zu den Durchschnittspreisen, abzüglich von 20 Prozent, abgegeben werden sollten. Da die geringwerthigen Sorten, die an die Berechtigten abgegeben zu werden pflegen, ohne= hin schon meist 20 Prozent unter dem Durchschnittspreise werth sind, so lief dieser Entwurf thatsächlich auf eine Aufhebung der Gerechtsame hinaus. Im Herrenhaus (wo kein Herr aus Hessen anwesend war) fand der Ent= wurf Annahme. Im Abgeordnetenhause wurde er bei der ersten Berathung von den hessischen Abgeordneten bekämpft. Ein Abgeordneter wies nach, daß davon 74 000 Haus= haltungen betroffen werden würden und daß diese an 300 000 Mark (20 Prozent) mehr als bisher für ihre

Brennholz bezahlen müßten. Der Entwurf wurde hierauf einer Kommission zugewiesen, die ihre Arbeit nicht beendete. Seitdem sind weitere Versuche dieser Art nicht gemacht worden.

Sehr anzuerkennen ist, daß durch Schöpfungen von mancherlei Art die preußische Regierung das Land zu heben bemüht gewesen ist. Die Eisenbahnen haben eine erhebliche Vermehrung erhalten. Mitten durch Hessen zieht sich die neuerbaute Bahn Berlin-Wetzlar. Auch durch eine Anzahl Nebenbahnen ist das Bahnnetz erweitert worden. Freilich bleibt in dieser Beziehung noch manches zu thun übrig. Höchst anerkennenswerth ist auch alles, was die preußische Regierung für die Bildungsanstalten des Landes gethan hat. Durch verbesserte Einrichtungen hat sich der Besuch der Universität Marburg mehr als verdoppelt. Auch die Akademie der bildenden Künste in Kassel hat sich sehr gehoben.

Einen schlimmen Rückgang hat Kurhessen auf dem Gebiete der Justiz gemacht. Wer das frühere so einfache und doch befriedigende Prozeßverfahren in Kurhessen gekannt hat, wird es kaum begreiflich finden, wie es möglich gewesen, einen so leidigen Formelkram wie den des heutigen Prozesses in Deutschland einzuführen. Und wer etwa den Eindruck gewonnen haben sollte, daß schon die im Jahre 1867 eingeführten preußischen Kostengesetze die Rechtsuchenden mit Ruthen gezüchtigt haben, hat seit dem Jahre 1879 die Erfahrung machen können, daß man sie auch mit Skorpionen züchtigen kann. Ein Wohlwollen für Hessen hat sich allerdings darin erwiesen, daß man im Jahre 1879 dem Lande ein selbständiges Oberlandesgericht gelassen hat. Aber dieses Gericht hat man fast durchweg mit Männern aus anderen Provinzen besetzt.

Eine schmerzliche Erscheinung der Neuzeit ist auch noch

die, daß es so sehr an Männern von geistiger Bedeutung
fehlt. In gewissem Maße war diese geistige Verarmung
in Hessen schon eingetreten, nachdem Hassenpflug so viele
bessere Kräfte aus dem Lande getrieben hatte. Sie macht
sich heute noch mehr fühlbar und zeigt sich jedesmal,
sobald es sich darum handelt, irgend einen Posten des
öffentlichen Vertrauens zu besetzen. Einer der Gründe
für diese Erscheinung liegt wohl auch darin, daß die
große Mehrzahl der geistigen Kräfte in Hessen jetzt, wie
auch früher, sich dem öffentlichen Dienste zuwendet, daß
aber, sobald innerhalb dieses eine tüchtige Kraft sich zeigt,
sie in der Regel dem Lande entzogen und in andere
Provinzen versetzt wird. Es kann kein Zweifel sein, daß
die dafür von auswärts in das Land gesetzten Beamten
nicht minder geistige Kräfte darbieten. Aber man kennt
sie nicht; sie sind dem Lande fremd, und es dauert Jahre,
bis sie darin Wurzel fassen. Dies alles mag ja in dem
System des Großstaates begründet sein. Bei altpreußischen
Beamten begegnet man sogar der Ansicht, daß es einen
Beamten besonders empfehle, wenn er schon in recht vielen
Provinzen thätig gewesen sei. Auch giebt es gewiß
Naturen von so umfassenden Geistesgaben, daß sie mit
Leichtigkeit sich überall zurecht finden und wohl fühlen.
Aber das liebevolle Einleben in die besonderen Verhältnisse
eines engeren Kreises hat doch auch seinen Werth. Ein
solches kann bei jener Behandlung der Beamten, gleichsam
als fungibeler Größen, nicht aufkommen. Und zugleich
wird damit eine der edelsten Blüthen menschlichen Em=
pfindens geknickt: die Liebe zur Heimath. *)

*) Der Verfasser erinnert sich noch, daß einstmals sein Landtags-
kollege Lasker zu ihm sagte: „Ihr sprecht immer von euerer
Heimath. So etwas kennen wir gar nicht."

Nach Ablauf eines weiteren Menschenalters wird das hessische Stammesbewußtsein wohl noch bei dem hessischen Bauernstande, in höheren Kreisen dagegen nur noch ganz vereinzelt zu finden sein. Vielleicht wird es dann für diejenigen, die ausnahmsweise sich dieses Bewußtsein bewahrt haben, nicht ohne Werth sein, wenn sie in diesen Blättern ein Bild davon finden, wie ihre Altvordern gelebt und gestrebt haben. Sie werden sich dessen nicht zu schämen brauchen.